国家自然科学基金面上项目（41771184）

Research on Coupled and Coordinated Development of Economic Development, Urban-Rural Coordination, Quality of Life and Eco-efficiency

经济发展、城乡统筹、居民生活质量与生态效率耦合协调发展研究

——以长三角地区为例

—Taking The Yangtze River Delta as An Example

白彩全　冯　晨　肖薇薇◎著

中国经济出版社
CHINA ECONOMIC PUBLISHING HOUSE
北京

图书在版编目（CIP）数据

经济发展、城乡统筹、居民生活质量与生态效率耦合协调发展研究：以长三角地区为例／白彩全，冯晨，肖薇薇著．--北京：中国经济出版社，2019.4

ISBN 978-7-5136-5633-7

Ⅰ.①经… Ⅱ.①白… ②冯… ③肖… Ⅲ.①长江三角洲-区域经济发展-研究 Ⅳ.①F127.5

中国版本图书馆 CIP 数据核字（2019）第 068740 号

责任编辑　贺　静
责任印制　巢新强
封面设计　华子设计

出版发行　中国经济出版社
印 刷 者　北京艾普海德印刷有限公司
经 销 者　各地新华书店
开　　本　700mm×1000mm　1/16
印　　张　11
字　　数　158 千字
版　　次　2019 年 4 月第 1 版
印　　次　2019 年 4 月第 1 次
定　　价　58.00 元
广告经营许可证　京西工商广字第 8179 号

中国经济出版社 **网址** www.economyph.com **社址** 北京市东城区安定门外大街 58 号 **邮编** 100011
本版图书如存在印装质量问题，请与本社销售中心联系调换（联系电话：010-57512564）

序

改革开放以来，我国区域经济的协调发展一直都受到研究者与业界人士的广泛关注。在以经济增长为核心的国家建设与区域社会活动中，城乡收入差距问题也逐步成为我国政府部门与决策者亟须解决的重要问题。而作为我国经济发展与对外开放的先行者，长三角地区的城乡发展与收入差距现状及其背后的逻辑机理也成为学界所研究的重要议题。因此，对该问题的现实考量抑或是理论层面的研究认知都具有重要意义。

长三角地区位于我国东部沿海地区，是我国长期发展过程中重要的经济增长点，也是我国最重要的经济核心区域之一。我国 2016 年 5 月由国务院所批准的《长江三角洲城市群发展规划》显示，截至 2014 年年底，长三角地区所创造的 GDP 总额已占到全国总额的近 1/5。在经济快速发展的背后，城乡收入差距与资源环境状况却面临着巨大问题，如何在讲求效率中兼顾公平，乃至实现增长轨迹与生态文明相协调的可持续均衡发展，越来越成为我们亟须思考的重要问题。本书将围绕这一主题，利用相关研究对这一方面的考察作出边际上的有益补充。

《经济发展、城乡统筹、居民生活质量与生态效率耦合协调发展研究——以长三角地区为例》一书，正是作者有关长三角地区城乡经济耦合发展、区域协调增长与生态效率互动的相关著作。本书分别从城乡收入差距、居民生活质量以及地方生态环境建设三个方面对长三角地区现实经济增长与资源环境的相关现状、问题、解决思路与政策建议进行了系统梳理和研究。通过框架构建、指标测度与模型设定等定量研究范式，并结合时空演变特征分析等方法，为理解与研究长三角地区城乡收入差距矛盾、经济生态文明冲突等重要议题，提供了理论参考价值。

在宏观层面上探索我国城乡协调发展，促进经济、环境互动进步的相关著作已是汗牛充栋，本书将关注重点与研究对象落实于长三角这一重要且特殊的地理区位，研究深入、颇具特色。由于成书时日紧凑，兼之作者能力有限，难以尽善尽美，书中仍有诸多不足之处，还请各位同人不吝赐教。

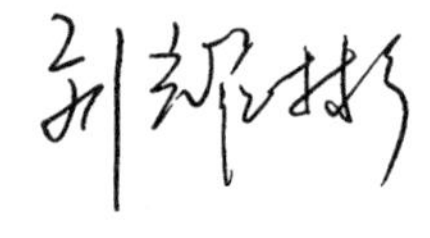

教育部长江学者特聘教授

南昌大学经济管理学院院长

前 言

改革开放40余年来，我国经济在高速发展过程中，逐渐由重“数量”朝重“质量”方向进行结构转变。除关注经济增长的平稳增速之外，城乡统筹发展、居民生活质量与当地生态文明建设则成为地方在可持续发展中所需关注的重中之重。而长三角地区作为我国经济发展的核心地区与高速引擎，探讨该地区的经济发展与生态文明对于现有研究而言则具有重大的社会意义与示范借鉴作用。

基于这一出发点，本书从长三角地区经济发展、城乡统筹、居民生活质量与生态效率建设方面展开了相关的系列研究。本书主要分为四个部分10章内容：在第一部分中，我们就本书的研究背景、研究内容以及前人的相关文献与分析进行了系统性综述，就长三角地区经济发展、城乡统筹建设、居民生活质量以及生态文明的关系进行了细致梳理，为下文主要内容奠定了基础。

本书主体部分主要由三方面构成，第一部分为长三角地区城乡收入差距与城乡耦合协调发展研究，该部分首先分析了长三角地区县域农民人均纯收入和城镇居民可支配收入的时空格局演变特征，其次研究了长三角地区县域居民城乡收入差距及两极分化程度的时空演变特征，最后对长三角各地区城乡耦合协调发展的差异性进行了相关探索。第二部分为长三角地区经济发展与居民生活质量的耦合协调发展研究，该部分对长三角地区各地级市的经济发展、居民生活质量与人口素质进行了综合评价，然后分别考察了长三角地区经济发展与居民生活质量以及经济发展与人口素质的耦合协调性及其时空演变特征。第三部分为长三角地区经济发展与生态效率的耦合协调发展研究，首先对长三角地区的经济发展与生态效率进行了综合评价，在此基础上对两者之间的耦合协调性进行了测算研究，接着，对长三角地区工业经济发展与环境污染的脱钩状况进行了量化研究。

整体来看，本书分别从城乡统筹与居民收入差距、居民生活质量以及生态效率方面对长三角地区基本状况进行了系统把握与深入探讨，通过实证手段检验了长三角地区的现有经济发展、城乡建设与生态效率活动状况，也为该地区未来发展与道路选择提供了清晰图景与政策建议。本书通过以上详细探讨，可以为此方面文献的不足提供一定的有益补充。

目 录

下篇 | 长三角地区经济发展与生态效率耦合协调发展研究

导　论

第一节　研究背景与研究内容

一、研究背景

改革开放40余年来，中国经济经历了较高程度的增长，国民经济整体发展水平普遍有了显著提升，在实践和探索中形成了具有中国特色社会主义模式的经济增长轨迹，使我国的综合国力得到空前增强、国际地位不断提高。而在经济总量呈整体上升趋势的同时，我国人均生产总值却长期处于落后状态，与经济高速发展形成了鲜明对比。在我国人口众多这一显著特征之下，除人均收入所面临的巨大进步空间之外，我国城乡统筹与城乡人均收入差距也是亟须解决的重要问题。40余年间，我国区域发展差距由迅速扩大到迅速缩小，在城乡统筹发展的一体化进程中仍面临不小的挑战。城乡不公平、区域政策差别化、行政壁垒与市场分割等问题仍然是阻碍我国进一步缩小城乡收入差距、促进全民共同富裕的重要问题，而城乡统筹与协调发展这一核心问题将是本书关注的重点所在。

然而，随着经济的快速发展，我国的生态环境问题也逐渐进入社会公众视野，越来越多地成为我们所关注的焦点议题。生态破坏严重，生态效率面临挑战，并在一定程度上对经济后续发展造成了负面影响。因此，科学评价区域经济与生态效率的发展状况、研究两个系统的耦合协调性，在相当程度上对该地区乃至全国的经济增长与可持续发展都具有一定的指引和借鉴作用。这一方面不仅有利于我国的生态文明建设，保护我们赖以生存的环境；另一方面，注重经济发展与生态环境效率协调进步，也能够显著促进居民生活质量和幸福感的提升。就本书的关注对象而言，作为中国综合实力强、城镇化水平高的区域，长三角地区经济在国民经济中的地位举足轻重，引领着全国的经济增长。但不可否认的是，长三角地区在城乡居民统筹发展与生态环境建设方面仍存在许多问题，而本书也将从实际出发，就长三角地区的经济发展、城乡统筹、居民生活质量与生态效率耦合等问题展开系列研究与探讨，为该方面文献的不足提供一定的有益补充。

二、研究区域概况

长江三角洲，简称“长三角”，主要是指以上海为龙头，由浙江的嘉兴、杭州、绍兴、宁波、舟山，和江苏的苏州、无锡、镇江、南京等16个城市组成的城市带。长三角地区是我国目前经济发展速度最快、经济总量规模最大、最具有发展潜力的经济板块。据2012年度统计数据，长三角地区以占全国1.1%的国土面积，容纳了8.2%的人口，创造了17.3%的国内生产总值（宋伟轩等，2013）。改革开放以来，长三角地区整体经济水平得到了很大提高，近年来，经济更是飞速发展，相关统计资料显示，2016年，上海、江苏、浙江三省市的地区生产总值分别为28178.65亿元、77388.28亿元、47251.36亿元，三省市的GDP总和高达152818.29亿元，而当年全国的GDP总额为744127.2亿元，三省市的GDP占全国GDP总额的20.54%（中华人民共和国国家统计局，2017）。除此之外，长三角地区的经济发展速度在全国各省市中也位居前列。相关统计资料显示，2016年，全国GDP较上一年的增长率为8.55%，而上海、江苏和浙江三省市的地区生产总值较上一年的增长率分别为12.16%、10.37%和10.18%，均远高于全国GDP的增速（中华人民共和国国家统计局，2016、2017）。

作为中国经济增长最为强劲的地区之一，除经济增长总量以外，长三角地区的城乡统筹发展与城乡收入差距也是现有研究重点关注的问题。根据白彩全等（2014b、2015b、2015c）和李传武等（2015）的研究，20世纪90年代初期以来，长三角农村经济水平逐年稳步增长，县域农民人均纯收入的平均值从 1989 年的 1047 元增长至 2011 年的 14255 元，约为 1989 年的 14 倍。在整体经济水平提高的同时，县域经济单元间农民收入的区域差距也在逐步拉大，1989 年长三角农民人均纯收入的最大值为 1762 元，最小值仅为 597 元，最小值远不足最大值的一半；2011 年长三角农民人均纯收入最大值为 19527 元，而最小值为 8291 元。1989—2011 年，区域收入极差虽跌宕起伏，但总体上呈上升趋势，从 1989 年的 1165 元增长至 2011 年的 11236 元，县域农民人均纯收入的绝对差异持续增大；而区域间的收入极商从 1989 年的 2. 951 减少至 2011 年的 2. 355，相对差异则无明显变化。而就长三角地区城镇人均可支配收入与农村居民人均纯收入的比较而言，我们发现，1991—2011 年，长三角县域居民城乡收入均在逐年提高。然而，无论是城市还是农村，高低收入者之间的收入差距均在不断扩大，同时，城镇居民高低收入者之间的收入差距明显大于农村居民高低收入者之间的收入差距。此外，城乡居民收入的差距也在不断扩大，收入分布两极分化与城乡居民的收入巨大差距将成为阻碍长三角经济发展的重要因素之一。因此，亟待采取相应的措施来减缓收入分布两极分化现象，缩小城乡收入差距。

地区的可持续性经济发展不仅仅局限于城乡统筹与唯“GDP”式的经济增长，还应重点关注该地区的生态环境建设与居民生活质量进步。长三角地区作为我国重要的经济增长极，改革开放以来为带动全国经济发展做出了重要贡献。但在其社会经济区域一体化发展趋势日益显著的同时，资源环境也面临着严峻的考验，快速的工业化导致耕地面积锐减、矿产资源短缺，各类污染物的不断输入及其他人为活动造成的威胁和影响进一步加剧，在一定程度上威胁着整个地区经济与社会的可持续发展。相关研究显示，长三角地区大气环境在国家环境空气质量标准下属于轻污染级，但在工业集中的部分城市和地区，大气污染有逐渐加重趋势（张乐，2016），当地能源消费主要以煤炭为主，而大气污染主要来自煤炭燃烧、机动车尾气排放以及秸秆焚烧。除大气污染外，《2016 年上海资源环境发展报告》①指出，长三角地区水环境普遍面临五大问题：其一，区域内的河流普遍面临不同程度的污染；其二，局部饮用水水质较差，安全程度面临风险；其三，区域湖泊富营养化严重，太湖问题较为突出；其四，城市废水污染现象严重；其五，区域内缺乏高效、完备的防污协调机制。

在经济增长与生态问题的双重背景下，长三角地区的居民生活质量成为我们应重点关注的问题。在本书中，我们重点关注了 2003—2010 年长三角地区 16 个城市的居民生活质量状况及其与地区经济增长的关系。结果发现，上海市作为长三角地区的龙头城市，其经济发展与居民生活质量之间具有良好的耦合协调发展关系，不仅注重城市经济增长，也注重人民生活质量的同步提升。相比之下，苏州和杭州的经济进步与人民生活质量的耦合关系则处于中等水平，苏州表现为经济发展和居民生活质量同步发展，而杭州表现为居民生活质量超前于经济发展；同时，江苏省的南京、无锡和常州以及浙江省的宁波、嘉兴、绍兴和台州等城市的耦合协调发展程度也处于同等水平。相比之下，江苏省的南通、扬州、镇江和泰州以及浙江省东北部的舟山和湖州等城市，经济发展与居民生活质量的耦合性则相对较低，二者属于同步发展类型。

三、主要研究内容

本书的研究内容主要来自三个方面，分为上、中、下三篇。其中，上篇为“长三角地区城乡收入差距与城乡耦合协调发展研究”，主要内容包括利用现代统计处理工具实证分析长三角地区城乡收入的时空格局演变趋势、城乡收入差距两极分化现状以及相关协调发展的差异性。具体包括：第一，地区县域视角下农民人均纯收入和城镇居民人均可支配收入的时间变化趋势与空间集聚形态；第二，城乡居民收入变迁状况与差距地理分布态势；第三，长三角地区省域间城乡收入极化特征与长期趋势；第四，长三角地区城乡耦合协调发展差异性研究与特征评价。

---

① 具体内容见：https：//www. pishu. cn/psgd/377766. shtml。

本书中篇内容的主题为“长三角地区经济发展与居民生活质量耦合协调发展研究”，具体分析了长三角地区在现有经济发展特征下居民生活质量与经济增长之间的协同发展状况。主要包含两部分内容：其一，长三角地区经济发展状况与居民生活质量的协调发展研究，在这一部分，我们利用耦合度函数与耦合协调度函数分析了长三角地区 16 个城市的经济增长与居民生活质量之间的关联，并就不同等级对城市进行分类甄别。其二，主要涉及长三角地区经济发展与人口素质耦合协调的关系。同样通过对长三角地区 16 个城市的实证分析，对不同城市的经济发展与人口素质协调发展概况进行了研究。

本书的下篇主题为“长三角地区经济发展与生态效率耦合协调发展研究”。我们着重探讨了长三角地区经济发展与生态效率耦合协调的现状以及地区的工业化进程与环境污染之间的联系。在第一部分中，基于投影寻踪模型就该地区整体生态效率以及生态建设在不同地区的空间分化作出基本判断。而在第二部分中，我们则利用脱钩模型探讨了长三角地区工业产值、工业废水排放量、工业二氧化硫排放量以及工业烟尘排放量等环境污染的基本状况。

整体来看，本书将分别就城乡统筹与居民收入差距、居民生活质量以及生态效率对长三角地区的基本状况进行系统把握与深入探讨。

第二节 相关文献综述

一、长三角地区经济发展的时空格局演变特征及驱动因素研究

有关长三角地区经济协同发展及其影响研究，现有文献主要集中于以下几个方面：

第一，长三角地区经济发展时空格局演变特征研究。当今区域经济学的一个重点研究方向是经济活动的空间状态及其内在关系，且目前长三角地区经济发展水平表现出明显的空间差异性（杨上广、吴柏均，2007），因

此，对长三角地区经济发展的时空格局演变特征进行研究就显得极其重要。鉴于此，学者们运用计量经济模型与GIS技术相结合的方法，对长三角地区经济发展的时空分布格局、集聚状态与时空跃迁机制进行了研究，如张红等（2015）从全局聚类检验和局部聚类检验两个层面研究了长三角城市群经济发展的空间集聚特征，发现其经济产出与经济生产要素呈现出全局空间集聚的特征，在局部上，经济产出和经济生产要素表现出向上海市、苏州市等个别城市高—高集聚的特征。俞路和兰宜生（2009）对长三角地区经济发展格局进行了全局与局部空间相关性分析，发现其经济格局呈现出逐渐增强的空间正相关特征。胡毅和张京祥（2010）运用县域数据探讨了长三角城市群经济发展的空间演变规律，发现各城市间经济发展的绝对差异一直表现为显著的空间正相关性，且该趋势逐渐加剧，而相对差异的空间相关性却不明显。叶磊和欧向军（2012）对长三角地区经济极化的空间格局演变规律进行了分析，发现该地区的经济极化水平呈现出波动上升态势，且其极化效应表现出先扩大、再缩小的变化历程，而其扩散效应表现为逐渐增强趋势。陈肖飞等（2015）运用《2009年世界银行发展报告提出的》“密度（Density）、距离（Distance）、整合（Division）”3D结构，对长三角城市群空间格局特征进行了研究，发现长三角城市群各城市的空间发展状态表现出较大的差异性，其中，上海、苏州和无锡表现为“密度—距离—整合”3D类型，常州和南京表现为“密度—距离”2D类型，杭州表现为“距离—整合”2D类型，南通等表现为“距离”1D类型，绍兴等表现为“整合”1D类型，扬州等表现为0D类型。除对经济发展的时空格局演变特征进行研究，还有学者对长三角经济发展的收敛特性进行了分析，得出了不尽相同的研究结论。如沈能（2005）研究发现，长三角地区经济增长呈现出明显的“俱乐部”收敛特征。曾光和周伟林（2006）研究发现，长三角城市经济增长存在明显的绝对β收敛。苏良军和王芸（2007）研究发现，长三角地区存在经济增长的β收敛，但较珠三角地区而言，其收敛性更弱。王昱和肖红姗（2011）研究发现，长三角地区县域经济差异表现出逐步扩大的态势，且基本不存在动态收敛趋势，只有部分地区的县域经济存在“俱乐部收敛”。张学良（2009）研究发现，当不考虑空间自相关时，标准的β收敛模型未发现长三角地区经济收敛的证据，而在考虑空间依赖性与空间自相关后，可以找到长三角地区经济收敛的证据。张学良（2010）更深入地探讨了长三角地区经济收敛的作用机制，发现物质资本积累是使得长三角地区间经济发展差距缩小的唯一因素，其主导着长三角地区经济收敛的方向。林高榜（2010）研究了技术效率、技术进步和资本深化对长三角地区经济增长收敛性的影响，发现技术效率提升和资本深化促进了劳均产出的收敛，而技术进步则促进了劳均产出的发散。张传勇（2016）还研究得出，房价的快速上涨会对长三角地区的经济收敛产生阻碍作用。

第二，长三角地区经济发展的驱动因素研究。随着长三角地区经济的快速发展，有学者开始探索该地区经济快速发展的驱动因素，得出了较为丰富的研究结论。叶耀明和王胜（2007）研究发现，无论在存量层面还是在增量层面，长三角地区金融发展对经济增长均表现出显著的促进作用。陈福中和吴秋璟（2008）继续深入考察了金融发展对长三角地区经济增长的影响作用，发现在经济发展的不同阶段，金融相关率、证券与保险市场发展程度对经济增长的影响作用不尽相同，同时，金融效率化与经济增长表现为负相关关系。陈柳（2007）验证了本土创新能力对长三角地区经济增长的正向促进作用。吴福象和刘志彪（2008）验证了城市化群落对长三角地区经济增长的驱动效应及其作用机制。王林和顾江（2009）考察了文化产业发展对长三角区域经济增长的促进效应。侯祥鹏（2010）考察了固定资产投资对长三角地区经济增长的拉动作用。蒋伏心和苏文锦（2012）考察了高技术产业同构对长三角地区经济增长的促进作用。黄赜琳（2012）考察了人口结构因素对长三角地区经济增长的影响作用。周健（2017）研究了人口在产业和城镇之间均衡发展对长三角地区经济增长的影响作用。彭羽和陈希（2011）研究了 FDI 流入、贸易中间商集聚对长三角区域经济增长的影响作用，发现贸易中间商集聚显著促进了长三角地区的经济增长，同时，这种促进作用又受到 FDI 流入程度的影响，在 FDI 流入程度较高的城市，贸易中间商集聚对经济增长的拉动作用较大，而在FDI流入程度较低的城市，该拉动作用较小。王万珺（2010）和张立（2012）检验了外商直接投资对长三角经济发展的影响作用。洪娟和谷永芬（2012）、洪娟和廖信林（2012）以及陈晓峰（2015）检验了产业集聚与长三角区域经济增长的关系，发现两者之间存在一种“倒U”形关系。余冬筠和郑莉峰（2013）继续深入考察了产业集聚与创新集聚对长三角地区经济发展的影响作用，发现产业集聚对长三角城市经济绩效的作用受到创新集聚的影响，只有高质量的创新集聚与城市的产业集聚相互作用后才能对经济产生持续的正向促进效应。而吴亚菲和孙淼（2017）又研究发现，在不同的行业间，长三角城市群产业集聚对经济增长的影响作用存在差异性，如制造业产业集聚对长三角城市群的经济增长具有正向促进作用，而生产性服务业产业集聚对经济增长产生了负向抑制作用。张永杰和耿强（2011）运用系统矩估计方法（SYS－GMM）实证检验了省直管县和财政分权对长三角地区县域经济发展的影响，估计结果显示，财政收支分权对经济增长的作用表现出非对称性特征，且财政分权对经济增长的作用受到省直管县体制的影响。原小能（2013）实证研究了省际贸易和国际贸易对长三角经济增长的影响效应，结果显示，两者都对经济增长产生了正向促进作用，但是前者的经济增长效应要大于后者，且两者的经济增长效应在低技术行业和高技术行业间存在差异。翟石艳和王铮（2013）探讨了能源消费和碳排放对长三角地区经济增长的影响作用，发现能源消费会对经济增长产生正向的影响效应，而碳排放量会对经济增长产生负向的长期影响效应。于潇和毛雅萍（2015）考察了长三角地区人力资本与物质资本对经济增长的影响作用，发现两者都对长三角地区的经济增长产生了较大影响，但相较于物质资本而言，人力资本对经济增长的促进作用更弱。方大春和孙明月（2016）利用双重差分模型研究了高速铁路开通对长三角城市群经济发展的影响效应，发现高速铁路的建成显著促进了经济增长。黄苏萍和朱咏（2017）继续考察了铁路、公路交通基础设施对长三角地区经济增长的空间溢出效应，研究结果表明，铁路人流密度、公路人流密度、公路物流密度显著促进了经济增长，而铁路物流密度却对经济增长起到抑制作用，同时，相邻城市铁路、公路交通基础设施对区域经济增长表现出空间正溢出效应。刘乃全和吴友（2017）实证检验了长三角扩容对区域经济增长的影响作用，发现2010年长三角扩容对新进城市和原位城市的经济增长均具有显著的促进作用，且对新进城市经济增长的影响效应大于原位城市。此外，周晓艳等（2009）以及张学良和孙海鸣（2009）还综合考察了长三角地区经济增长的影响因素，其中，周晓艳等（2009）测算了长三角地区的生产效率并考察了其影响因素，发现城市化率、第二产业GDP在GDP总量中所占的比重、基础设施水平、人力资源水平和对外经济依存度对生产效率具有促进作用，而固定资产投资中国有经济投资比重以及政府对经济的干预程度对生产效率具有抑制作用。张学良和孙海鸣（2009）对长三角地区经济增长的源泉进行了探索性研究，发现物质资本主导着长三角地区的实际经济增长，分省市来看，主导江苏省和浙江省经济增长的因素仍是物质资本积累，而主导上海市经济增长的因素是TFP，同时，效率改善对长三角地区三省市TFP和经济增长的贡献及其差异的影响很大。

第三，长三角地区区域经济一体化研究。随着长三角地区区域一体化进程的加快，学者们对其区域整合程度及驱动因素等展开了大量研究。首先，学者们对长三角地区区域经济一体化的程度进行了量化研究，如张旭亮和宁越敏（2011）研究指出，杭州、苏州、宁波、无锡等城市组团与上海的联系不断加强且该趋势将不断扩大；汪后继等（2011）也指出，长三角区域一体化已初步形成了区际分工与合作共赢的格局；千慧雄（2010）的实证研究结果显示，长三角的区域经济一体化以上海为中心，且自改革开放以来，该一体化经历了“制度变迁推进型一体化”“制度与市场角力型一体化”和“市场推进型一体化”三个阶段；郭晓合和王来全（2012）通过实证研究发现，1988年以来，长三角地区经济一体化趋势明显，且边界效应在递减，同时，趋同性在递增；贾德铮和高汝熹（2013）研究了长三角都市圈城市间的空间关系，发现城市间存在较强的空间竞争合作关系，形成了“两线两圈”式的空间效应体系；陈坤和武立（2013）运用相对价格法对长三角地区的市场一体化进行了量化研究，发现长三角地区的整合程度在持续加强，一体化趋势越发明显；童纪新和张奇（2016）测算了泛长三角地区各城市之间的经济关联度，发现城市间的经济关联度呈现出明显的区域差异，其中，浙北与苏南城市经济关联度较高，而安徽、苏北、浙南地区的经济关联度较弱；顾海兵和张敏（2017）从区域经济一体化的内在动力和外在动力出发，构建了区域经济一体化指数并对长三角城市群 2010—2015 年的一体化程度进行了测算分析，结果显示，长三角城市群一体化指数呈现“倒 U”形趋势；侯赟慧等（2009）运用社会网络分析方法对长三角地区的经济一体化进程进行了研究，发现目前长三角区域经济一体化的程度并不高，但有向一体化发展的趋势；方叶林等（2013）同样利用社会网络分析方法对长三角城市旅游经济联系网络进行了实证分析，发现该网络的密度为 0.533，规模为 128，直径为 3，网络密度处于中等水平，且上海位于整个网络的核心，舟山和台州位于整个网络的边缘。其次，还有一些学者对长三角区域经济一体化的驱动因素进行了研究，如罗蓉和刘乃全（2007）证实了城市对长三角经济一体化的重要推动作用；陈柳等（2009）考察了区域文化融合对长三角地区经济一体化的影响作用；李磊等（2011）研究了地理因素、经济发展程度相似度、产业结构相似度、贸易与投资开放相似度对长三角城市间经济同步性的影响作用；李阿萌和肖翔（2014）检验了高速铁路开通对长三角地区城市经济联系格局的影响作用。除此之外，还有一些学者研究了长三角一体化的经济效应，如卜茂亮等（2010）考察了长三角市场一体化的经济效应，发现当经济发展水平较低时，市场非一体化能促进经济增长，而当经济发展水平较高时，市场一体化能促进经济增长；陈坤和武立（2013）以长三角地区为例研究了经济一体化对区域经济增长的影响作用，发现并不是一体化程度越高对区域经济增长的贡献越大，在一体化进程中存在一个最适规模；孙英隽和高泽坤（2016）研究了长三角地区区域市场整合对全要素生产率的影响，实证结果表明，上海与长三角其他地区的区域市场整合对整个上海全要素生产率的影响作用是非线性的，当区域市场整合程度低于临界值时，区域市场分割有利于上海的经济增长，当区域市场整合程度高于临界值时，区域市场整合有利于上海的经济增长；张学良等（2017）以长三角城市经济协调会作为准自然实验，考察了长三角一体化对城市群经济绩效的影响，发现加入长三角城市经济协调能够显著提升地区的劳动生产率，且这种提升效应表现出增强态势。

二、中国城乡统筹发展相关研究

改革开放40余年以来，我国经济发展无论是速度与质量都获得了极为显著的飞速增长，这一方面反映出我国坚持以“经济增长为核心，大力发展生产力”基本国策的巨大成功；而另一方面也反映了中国人民普遍自下而上的勠力同心。但是，随着我国经济增长所取得的巨大成就、城镇农村之间收入的普遍提升，我国城乡关系在显著改善中依然存在诸多问题，其中最为重要的问题仍在于城乡分割的二元制度与收入之间的较大差距（李勤等，2009）。因此，无论是出于理论研究的巨大意义还是对于现实中国重要问题关注的必要性，有关城乡统筹的研究已成为现代中国经济学界与诸多学者主要考察的重要议题。

中国长期的城乡二元分化与收入差距带来了众多深层次结构矛盾，2003年，党的十六届三中全会明确提出了“统筹城乡发展”这一概念，标志着我国进入了城乡统筹发展的探索阶段。而2008年，我国则正式提出了“我国总体上已进入以工促农、以城带乡”的发展阶段，并同期颁布了《城乡规划法》，标志着我国进入了城乡统筹发展的新时代（吴丽娟等，2012）。在此过程中，在城乡统筹政策实施前后，相关研究已展开了一定程度的初步探索。在已有的大量文献中，主要涉及以下几个方面：其一，城乡统筹发展的历史背景与整体趋势，从整体历史角度考察城乡统筹的演化脉络与发展现状，并针对现有问题提出政策建议；其二，由于城乡统筹发展涉及经济、社会、文化、政治等各个方面，如何有效建设与正确评价城乡统筹程度成为亟须解决的问题，大量学者在该指标建设方面做出了有益贡献。

我国学界对城乡统筹发展的关注具有一定的历史，刘淑虎等（2015）

的研究显示，我国有关城乡关系目标与机制脉络的研究自新中国成立以来主要分为三个阶段，其一为“以乡促城”起步阶段（1949—1978 年）。在这一阶段，我国在举国计划经济体制下，支持实现“赶超发展，以农业支持工业化进程”，因此，资源分配不均衡下的城乡差距开始初现端倪。而直到改革开放初期，自进入第二阶段伊始（1978—2003 年），这种“以乡促城”的发展模式进入了一个更加快速的发展阶段，在此过程中，国家主导下的多种经济体共同参与到城乡发展建设之中，以工业发展作为核心支柱产业的市场经济逐步走向成熟，在这个双轨制到并轨的过程中，城乡收入差距开始显著扩大，造成了资源分配不均、经济增长不对称的现象。直至第三阶段，即 2003 年至今，城乡统筹发展与可持续共同发展问题开始逐步引起中央政府与地方政府的重视，因此，以城促乡、共建和谐社会的理念开始在顶层设计与自上而下的经济活动中得以贯彻，趋向于实现多元化协调发展目标的社会公共决策也得以实施。除针对我国城乡统筹发展的历史背景相关研究之外，现有研究也聚焦于现阶段城乡统筹开展工作的策略互动与战略探索，例如，梁颖等（2010）分别就城镇化与乡村建设互动中的农业现代化发展、劳动力转移、基础设施建设与地区均衡增长等方式从实现城乡统筹发展方面提出建议，认为城镇化质量提升、城乡并重与新农村优先战略规划都是实现中国城乡收入差距降低、实现可持续性发展的必经之路。而除定性分析之外，徐美和刘春腊（2012）则利用定量分析的手段，基于中国 2000—2009 年的城乡统计数据，运用熵权法、综合评判、关联度分析等方法分析了中国城乡统筹的主要趋势，认为现有我国城乡统筹仍存在较大的内部差异，如总量和平均量的差异、投入与产出之间的差异以及大区域、省域之间的差异。

除历史背景与总体趋势研究之外，有关城乡统筹的框架构建与量化评价也是我们必须解决的重要问题。城乡统筹涉及城乡经济、社会、文化、基础设施等多个方面，这决定了构建城乡统筹发展评价体系的复杂性，在以往对城乡统筹协调发展的研究中多数以指标的方式来衡量城乡统筹发展状况（李勤等，2009）。例如，漆莉莉（2007）曾在其城乡融合综合评价指标体系中构建了16个单项考核标准，就经济发展、社会发展与人民生活质量等三个方面对中国中部地区的城乡统筹融合程度进行了量化框架的构建；而进一步地，王婷（2008）同样对城乡统筹发展指标进行了衡量与构建。另外，从微观数据的利用与框架构建情况来看，李岳云等（2004）以南京个体城市作为案例考察标准，对城乡统筹评价指标构建进行了相关分析；而高珊等（2006）、吴永生等（2007）则更进一步考察了江苏省13个地级市的城乡空间动态演变情况；在县级层面上，也有张华瑛（2008）、邓玲和王彬彬（2008）等从四川成都市部分县区样本出发，分析了县域间的城乡统筹发展状况。

除利用指标构建方法探讨城乡统筹建设的框架之外，仍有部分文献就城乡统筹发展中可能遇到的其他社会经济问题展开讨论。其中，杨娜曼等（2014）利用湖南省的样本，通过主成分分析法和格兰杰检验实证考察了湖南省城乡统筹建设的实际情况，结果发现，城乡统筹度与城乡之间的收入差距存在双向因果关系，如要进一步促进湖南省城乡统筹发展，就必须立足于农村和城市同步并进、协调增长这一基础之上。除此之外，李保杰等（2018）则基于江苏省徐州市的案例探讨，分析了城乡统筹下苏北地区义务教育资源优化布局的问题，主要通过可达性模型、最近距离模型及Voronoi模型考察发现，徐州市义务教育资源分配基本平衡，近60.3%的义务教育资源机构服务范围面积基本满足教育需求，但仍有16.95%的义务教育服务面积不能有效满足当地学生需求，严重影响了义务教育的公平性。除城乡收入差距、教育资源等重大社会民生问题与城乡统筹发展存在双向互动之外，与之相关的其他影响因素，如农业现代化（沈爱芳、杨银珠，2018）、农村公共品提供（甘德培，2018）、居民医保整合（高秋明、王大树，2017）等也会影响到城乡统筹发展进程，而与之相关的大量研究此处不再赘述。

三、长三角地区居民生活质量相关研究

长三角城市群是中国经济最发达、城镇集聚程度最高的城市化地区。长三角是中国经济发展最活跃的地区之一，2014年，长三角地区以占全国

2.2%的国土面积，容纳了11.0%的人口，创造了18.5%的国内生产总值，被视为中国经济发展的“重要引擎”。

生活质量属于居民心理对生活感知范畴，其内容可以是独特的个人爱好，事业观念，感情观念，生活品质观念，精神追求的世界观、人生观、价值观等，也包括在居住、服饰、饮食、旅游、休闲、体育运动、事业追求方面的高要求。2018年城市生活质量客观指数显示排名前十位的城市分别是：北京（67.05）、杭州（61.79）、南京（60.28）、深圳（59.50）、昆明（58.99）、广州（58.54）、西安（58.34）、武汉（58.25）、上海（57.79）、贵阳（57.54）。其中长三角地区的上海、南京、杭州均位列前十。城市生活质量客观指数即社会经济数据指数，是根据国家权威机构发布的35个城市的社会经济数据计算得出的，从而保证了该指数的客观性和权威性。同时，为保持与主观指数的一致性，客观指数也包括5个分指数，即生活水平指数、生活成本指数、人力资本指数、社会保障指数、生活感受指数。5个客观社会经济数据分指数涵盖了20个社会经济数据指标，基本上反映了我国现阶段城市居民生活质量的各个方面。

城市居民生活质量不仅得到了政府与公共政策部门的紧密关注，也是学术界大量学者多年潜心研究的热点问题。诺贝尔经济学奖得主 Joseph E. Stiglitz（2011）指出，至少要用七类指标来评估一个国家或地区的居民生活质量，即健康、环境、教育、就业、物质基础、人际关系、政治参与情况。随着国外生活质量概念的引入，中国的学者们从社会学、经济学、人口学及心理学等多学科进行了大量研究。孙希有（2005）认为，如果继续忽略人居环境的重要性、社会的进步以及人类生存满意度等，则经济数字增长到一定程度后对社会发展并不能起到促进作用。近年来，许多学者从经济学的角度进行了相关的实证检验。李月（2010）的研究却证明改革开放以来有效经济增长与居民生活质量提高呈显著正相关。研究长三角地区经济发展水平与居民生活质量关系的文献相对较少，现有文献中分别从房价差异（郝前进、陈杰，2007）、时空分布（吕韬、曹有挥，2010；焦贝贝等，2018）、经济差异（宋伟轩等，2013；矫卫红，2018）、城镇化水平

（曹广忠等，2011；徐素，2011）、空间格局（车前进等，2011；孟德友等，2014）、城乡收入（宋伟轩，2013）、人口迁移（王珏等，2014）、资源环境（张蕾等，2011；盖美等，2013）等角度进行实证研究，试图构建经济发展与居民生活的评价指标体系。

目前关于长三角地区居民生活质量的研究存在三个较为突出的问题，第一，长三角作为中国经济最发达的地区，具有重要的研究意义，多数研究聚焦于该地区的产业升级、经济增长模式等问题，鲜有关注当地居民及生活环境的研究；第二，个别立足于长三角地区经济增长与居民生活质量的研究，并没有深入、系统地构建起这两者之间的评价指标框架，没有达成统一的可普适的评价体系；第三，在客观主观指标的结合、指标体系的权重处理以及指标体系的应用方面，目前均尚待开发。

本研究立足于人民日益增长的美好生活需要的迫切现实，结合长三角的典型案例分析，以点切入，全面、深入地探讨经济增长与人民生活质量的关系，构建科学、合理的指标与评价体系，进一步验证并提出可行的有借鉴性的政策建议。

四、经济发展与生态环境关系的相关研究

经济发展与生态环境关系是否协调发展以及如何实质性地协调发展是与全球人类密切相关的重大课题，我国提出的可持续发展的核心就是生态与经济相协调，即经济社会的发展与资源环境相协调。如何平衡经济与生态两者的关系成为生态学和经济学研究的重中之重，国内外学者对此进行了大量研究。

1972 年，罗马俱乐部的《增长的极限》一书中提出的“零增长理论”的新发展模式最早引起了西方学术界对可持续发展的关注，随后许多学者对可持续发展理论的内涵作了进一步解释与拓展。近年来，分别从生态环境政策（Norton，2005），生态文明（Cobb，2007），生态安全（Cobb，2007；Biermann & Pattberg，2008），碳减排（Rietbergen & Blok，2010；Li & Oberheitmann,2009），绿色发展（Diyar et al. ，2014）等角度探讨经济与生态协调发展。

中国改革开放40余年来，经济的高速发展创造了世界经济发展史上的一个奇迹，但同时在经济发展过程中面临着非常严重的雾霾、沙尘暴、水污染等问题，如何处理经济与生态环境二者的关系实现可持续发展急需答案。中国学者针对这二者的关系进行了大量研究（赵细康，2003；曹新，2004；冯刚，2008；郭树栋，2010），也进一步分析了采用哪些路径来实现经济发展与生态环境可协调发展（方创琳，2000；张嫚，2001；陈曦，2009），最后从概念定义（张维庆，2009；王玉庆，2010；牛文元，2013）、模型构建（牛文元，2012；王树义、郭少青，2012）、评价指标体系（杜宇等，2009；王会等，2012；胡彪等，2015）及实现途径（陈学明，2008；朱坦、高帅，2015；孙佑海，2013；侯佳儒等，2014）等方面全方位构建可持续发展战略。

经济与生态环境之间存在着不可分割的内在联系，两个系统之间不断进行着物质和能量的交换。江红莉和何建敏（2010）研究指出，经济系统与生态环境系统的关系存在四个发展阶段，通过经济发展与生态环境关系朝着协调发展的方向不断演变，最终能推动整个生态经济复合系统向高级协调耦合形态转变。

然而，从现有文献来看，虽然经济发展与生态环境关系的研究体量很庞大，但观点各有不同，认识尚未达成统一，体现在以下三个方面：一是在可持续发展的内涵上，已有社会学、哲学、政治学及经济学等多视角的有益探索，但是从经济学的视角对可持续发展的机理进行阐释的相对较少，现有研究缺乏对经济发展与生态环境关系协调发展的机理与难点问题的深入剖析；二是实证分析方面，缺乏统一的指标体系，对于不同区域的差异关注较少，不利于纵向和横向的比较；三是实现途径和政策建议方面较为丰富多样，但各有侧重，如法律制度、政府职能、消费观念等，在政府、企业以及消费者三方利益平衡的逻辑框架下的整体性思考和阐释相对不足，因此，不利于政策的真正落地实施。

上篇

长三角地区城乡收入差距与城乡耦合协调发展研究

第一章　基于 ESDA 的长三角县域城乡收入格局时空演变

区域经济差异一直备受专家学者的关注，特别是改革开放以来，区域非均衡发展成为区域经济发展的典型特征之一。众多专家学者采用不同的指标和方法，对区域间的经济差异进行了专门研究，取得了不少成果，为促进区域经济的协调发展提供了借鉴作用。

国内众多学者已对我国省际三大地带间及省内县市间区域经济格局进行了深入研究：孟德友和陆玉麒（2012）通过数理统计和空间统计分析法对江苏省农民收入区域格局的时空演变进行了描述；赵文亮等（2012）采用基尼系数和空间自相关指数分析了河南省农民收入差异程度及变化趋势；曾光和张晓菊（2007）对 1978—2004 年长三角地区收入差异的演变过程及收敛性进行了实证检验；张学良（2006）则通过运用空间统计与空间计量的分析方法，证实了长三角地区县市间经济增长存在显著的空间依赖性或空间自相关性特征。

从区域方面来看，对省际收入区域差异的研究分析较多，鲜有对集群区域模块进行农村居民人均纯收入或城镇居民人均可支配收入的差异比较；从研究方法来看，对数据进行数理统计的讨论较多，少有从空间统计分析的角度对数据进行分析。我国经济、科技、文化最发达地区之一的长三角地区，农村居民人均纯收入和城镇居民人均可支配收入均较高，大部分地区都已经或正在进入全面小康阶段，但是在收入不断增长的同时，农村居民和城镇居民的收入差异仍然较大。为此，本书拟以县域为分析单元，首先对长三角 74 个县域的农民人均纯收入（1989—2011 年）进行数理和空间统计分析，探讨该地区农民收入时空演变过程，揭示其差异演变的时空格局特征，以期为长三角区域农民收入差异的演变过程及空间格局的相关研究提供有益的参考借鉴；其次，以苏中、苏南地区各县域为分析单元，对该地区城镇居民人均可支配收入的时空格局演变特征进行了研究。

第一节　研究方法

一、数理统计分析法

（1）基尼系数。基尼系数是用于刻画收入分配差异程度的指数，介于0～1之间，值越接近于0，表明收入分配越平均，区域差异越小；值越接近于1，表明收入分配越不平均，区域差异越大。通过对样本单元排序，使 $y_1 \leqslant y_2 \leqslant y_3 \cdots \leqslant y_n$，根据协方差可以将基尼系数表示为（敖荣军，2007；余海清等，2010；孟德友、陆玉麒，2011）：

$$G = \frac{2 \times \sum_{i=1}^{n} i \times y_i}{n^2 \times \mu_y} - \frac{n+1}{n} \tag{1-1}$$

式（1－1）中，G 为基尼系数；n 是区域数量；y_i 是区域 i 农民人均纯收入或城镇居民人均可支配收入；μ_y 是各县域单元农民人均纯收入或城镇居民人均可支配收入的平均；i 为农民人均纯收入或城镇居民人均可支配收入从小到大排序的序号。

（2）沃尔夫森指数。沃尔夫森指数则是一个衡量区域总体经济极化程度的指数，公式为（王洋、修春亮，2011）：

$$W = \frac{2(U_* - U_1)}{M} \tag{1-2}$$

式（1－2）中，W 为沃尔夫森指数，其值越大，表示区域极化程度越强；U_* 为修正了的县域单元农民人均纯收入或城镇居民人均可支配收入，

U_* = 县域单元平均农民人均纯收入（城镇居民人均可支配收入）×（1 - 基尼系数）；U_1 为农民人均纯收入（城镇居民人均可支配收入）最少的一半县域的平均值；M 为农民人均纯收入（城镇居民人均可支配收入）的中位数。

二、空间统计分析法

本书分别采用 Moran's I 指数和 Getis - Ord G^* 指数来衡量长三角县域单元的全局空间关联和局部关联，借此说明该地区农民人均纯收入或城镇居民人均可支配收入的总体相似程度和局部集聚程度。

Moran's I 指数的表达式为（Moran，1950；谢花林，2010；叶长盛、朱传民，2011；文玉钊等，2012；朱传民等，2012）

$$I = \frac{\sum_{i}^{n}\sum_{j}^{n} W_{ij}(X_i - \bar{X})(X_j - \bar{X})}{S_0 \times \sum_{i}^{n}(X_i - \bar{X})^2} \tag{1-3}$$

式（1 - 3）中，I 为 Moran's I 指数，范围在 [- 1,1] 之间，当 I 大于 0 时，表示空间正相关，当 I 小于 0 时，表示空间负相关；X_i 和 X_j 分别表示第 i 和第 j 空间单元的观测值；W_{ij} 表示空间权重矩阵，空间相邻为 1，空间不相邻为 0；S_0 是空间权重矩阵所有元素之和；$\bar{X}$ 为区域单元平均值。

Getis - Ord G^* 指数的计算公式为（马晓冬等，2008；靳诚、陆玉麒，2009；郭华、蔡建明，2010）：

$$G^*(d) = \frac{\sum_{j=1}^{n} W_{ij}(d)X_j}{\sum_{j=1}^{n} X_j} \tag{1-4}$$

式（1 - 4）中，d 为距离，$W(d)$ 为以距离规则定义的权重，当区域 i 和 j 的距离小于 d 时，$W(d)$ 为 1，否则为 0；X_i 和 X_j 为区域 i 和 j 的观测值。

三、数据来源及处理

本书数据来源有三类，即各类文献资料、政府网站、各类统计年鉴，具体有中国经济与社会发展统计数据库、《上海市统计年鉴（1990—

2012)》《上海经济社会统计（1949—2000)》《浙江统计年鉴（1990—2012)》《江苏四十年》《江苏五十年》等。

需要说明的是，由于统计口径的差异，许多数据要进行处理后才能保证研究的一致性和可靠性。因此，本书对绝大多数数据进行了筛选和验证，尽量选取可靠性和可比性较好的数据。

第二节　长三角县域农民人均纯收入时空格局演变

一、县域农民人均纯收入区域差异时序演变

（1）收入差异的统计描述分析显示，自20世纪90年代初期以来，长三角农村经济水平逐年稳步增长，县域农民人均纯收入的平均值从1989年的1047元增长至2011年的14255元，约为1989年的14倍。在整体经济水平提高的同时，县域经济单元间农民收入的区域差距也在逐步拉大，1989年长三角农民人均纯收入的最大值为1762元，最小值仅为597元，最小值远不足最大值的一半；2011年长三角农民人均纯收入最大值为19527元，最小值为8291元。

从表1-1中可以看出，1989—2011年，区域收入极差虽跌宕起伏，但总体上呈上升趋势，由1989年的1165元增长至2011年的11236元，表明县域农民人均纯收入的绝对差异持续增大；区域间的收入极商由1989年的2.951减小至2011年的2.355，表明相对差异无明显变化，也说明绝对差异对人均年纯收入增长差异的考察具有一定的误差。但是其间极商的波动变化态势较为显著，在1995年达到最大，为3.873，说明1995年最大值约为最小值的3.873倍；标准差由1989年的309元增至2011年的2654元，其间除去1998—2000年的波动外，标准差随时间呈递增态势，说明1989—2011年农民人均纯收入的绝对差异呈逐年增加的态势，且近几年呈加快扩大的态势，但阶段性特征不明显。

表1－1 1989—2011年长三角农民人均纯收入水平 单位：元

年份	平均数	最大值	最小值	极差	标准差	极商	年份	平均数	最大值	最小值	极差	标准差	极商
1989	1047	1762	597	1165	309	2.951	2001	4729	6527	2901	3626	914	2.250
1990	1149	2216	650	1566	343	3.409	2002	5098	7180	3191	3989	1005	2.250
1991	1265	2047	712	1335	356	2.875	2003	5440	7921	3346	4575	1092	2.367
1992	1392	2252	783	1469	393	2.876	2004	6091	8311	3621	4690	1223	2.295
1993	1649	2952	806	2146	509	3.663	2005	6822	9241	4100	5141	1370	2.254
1994	2021	3665	948	2717	660	3.866	2006	7648	10452	4816	5636	1525	2.170
1995	2657	4772	1232	3540	809	3.873	2007	8692	12312	5401	6911	1726	2.280
1996	3321	5407	1602	3805	893	3.375	2008	9827	13452	5968	7484	1951	2.254
1997	3880	5986	2082	3904	899	2.875	2009	10823	15421	6511	8910	2110	2.368
1998	4043	5463	1919	3544	825	2.847	2010	12239	16899	7172	9727	2354	2.356
1999	4187	5502	2246	3256	817	2.450	2011	14255	19527	8291	11236	2654	2.355
2000	4319	5854	2575	3279	813	2.273							

资料来源：根据中国经济与社会发展统计数据库、《上海市统计年鉴（1990—2012）》《上海经济社会统计（1949—2000）》《浙江统计年鉴（1990—2012）》《江苏四十年》《江苏五十年》等整理计算。

（2）关于收入差异的演变过程，我们对23年间该区域农民人均纯收入的变异指数、基尼系数和沃尔夫森指数进行计算（见表1－2）。从总体上看，农民人均纯收入水平的相对差异趋于减小，变异指数和基尼系数分别从1989年的0.295和0.167减至2011年的0.186和0.106，但期间阶段性波动较为明显。沃尔夫森指数由1989年的0.173降至2011年的0.105，呈现出与基尼系数相似的变化态势，没有比较明显的阶段性特征。总之，长三角地区县域农民收入分配还是比较均衡，没有出现比较明显的两极分化现象。在权衡相对变化差异的基础上，拟选择5个代表极值的年份，即1989年、1992年、1999年、2008年和2011年5个时间断面，对长三角地区县域农民人均纯收入及增长的区域空间格局进行分析。

表 1-2　1989—2011 年长三角农民人均纯收入指数变化趋势

年份	变异系数	基尼系数	沃尔夫森指数	年份	变异系数	基尼系数	沃尔夫森指数
1989	0.295	0.167	0.173	2001	0.193	0.110	0.106
1990	0.299	0.167	0.177	2002	0.197	0.112	0.108
1991	0.281	0.160	0.161	2003	0.201	0.114	0.106
1992	0.282	0.160	0.161	2004	0.201	0.115	0.108
1993	0.309	0.173	0.158	2005	0.201	0.115	0.109
1994	0.327	0.177	0.143	2006	0.199	0.113	0.108
1995	0.304	0.165	0.124	2007	0.199	0.112	0.110
1996	0.269	0.148	0.113	2008	0.199	0.113	0.111
1997	0.232	0.132	0.124	2009	0.195	0.111	0.106
1998	0.204	0.115	0.096	2010	0.192	0.109	0.107
1999	0.195	0.110	0.095	2011	0.186	0.106	0.105
2000	0.188	0.107	0.102				

二、县域农民人均纯收入的空间格局演变

（1）关于空间格局总体特征，对 1989—2011 年长三角县域农民人均纯收入全局 Moran's *I* 指数进行测度，各年份全局 Moran's *I* 指数为正且均在 0.63 以上，表明长三角县域农民人均纯收入存在比较突出的全局空间正相关，收入水平相似的地区在空间上集聚分布。从时序态势来看，Moran's *I* 指数有比较明显的阶段性特征（见图 1-1），除 1989 年外，1990—1996 年 Moran's *I* 指数呈上升趋势，表明长三角县域农民收入在空间上集聚趋势不断加强，其中 1993—1994 年增加得最多，说明此时集聚趋势达到最强势；而在 1996—2001 年这种集聚趋势有所下降，Moran's *I* 指数由 0.737 减至 0.686；2001—2007 年，Moran's *I* 指数趋于上升，说明该阶段农民收入水平在空间上的集聚趋势又逐步增强，但是显然没有 1990—1996 年剧烈；在此后的 4 年里，Moran's *I* 指数基本保持稳定，说明农民收入水平空间分布格局状态基本保持稳定。总体来说，考察期间，长三角地区县域农民人均纯收入的空间聚集趋势整体变化幅度不是十分剧烈，总体格局没有发生根本性变化，但是局部变动不可忽视。

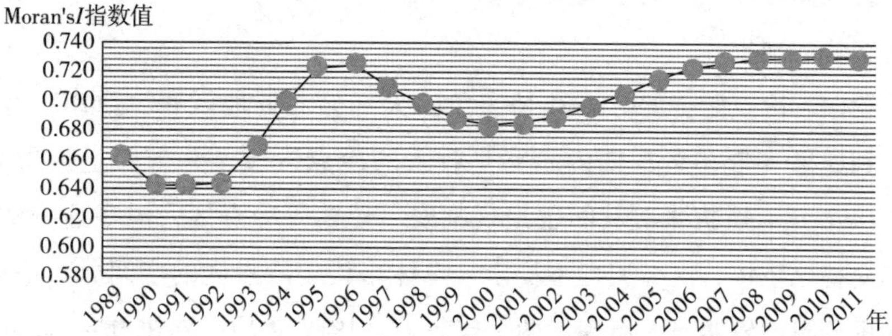

图 1－1　1989—2011 年长三角地区县域农村居民人均纯收入 Moran's *I* 指数变化趋势

（2）农民人均纯收入空间格局演变。采用 ArcGIS 软件计算长三角地区 1989 年、1992 年、1999 年、2008 年、2011 年 5 个年份县域单元的 Getis－Ord G^* 指数并进行可视化表达，用自然断裂法生成长三角地区农民收入空间格局演化表（见表 1－3），可得：

第一，在 1989 年和 1999 年，热点区域主要分布在上海、平湖至张家港、无锡一带，形成了以上海为核心的圈层式递减的空间格局并且有扩大趋势。这主要是基于城市的辐射带动作用，上海市凭借独特的地理优势和浦东新区的开发建设，经济飞速发展，特别是自 1987 年中国金融市场开始恢复以来，经济金融得到很大的发展，随后嘉兴至宁波的沿海地带也陆续加入该区域。但是期间也有不少的波动现象，例如，2008 年热点区明显减少，主要原因归于次贷危机打击了长三角的产业链。

第二，次热区主要围绕热点区呈圈层式分布，并有先向南扩张后整体缩小的趋势。在前 4 个年份，次热区围绕热点区扩张并南移，但是 2011 年次热区分布区域减少，并有向中部聚集的态势。不过从整体来看，部分热点区转变为次热区，次热区变为热点区，出现频繁的交替现象。

第三，冷区分布比较随机，这主要是其他类型区域分割所致，但是这种随机分布的态势有逐渐减小的趋势。在考察期后期，次冷区也逐渐集聚分布；次冷区主要聚集在以南京为核心的片区，期间波动较大，如在前期出现过以淳安和宁波为核心的次冷集聚区，而在后阶段淳安经历了次热区却最终成为冷点区，而宁波则通过次热区演变成热点区，该区域常出现冷热区交替的现象。

第四，冷点区主要分布在长三角的大部分北翼地区和少数南翼地区。宝应到如皋一带在考察期内始终是收入的冷点区域，并未发生强烈的变化，1992 年有所扩张，其间也出现临安、建德等冷点区，但在这些地区，冷热交替比较快，区域属性不稳定。总体来说，冷点区的空间分布格局先是随机分布比较明显，出现了两个聚集地。1999 年后，随机分布态势明显减弱，空间集聚分布明显增强，主要在宝应到如皋一带。但是好景不长，2011 年后随机分布态势又开始增强，而且出现了“三足鼎立”的局面。

第五，从各类型区的变迁看，农民收入热点区出现比较明显的变迁，以上海为核心的片区基本上属于收入热点分布区，显示出上海等地在长三角地区农村经济发展中的绝对统治地位。其间热点区也有向南扩张趋势，表现为浙江省在后阶段经济发展中带动了农村居民收入增加，带动了农村发展，但是金融危机重创了浙江省的产业链，挫伤了该省的经济。从各类型的分布看，大致形成以热点区为核心的层级式梯度递减的空间分布格局，各地区围绕核心分布；东、西地带区间有明显的区域差异，东部沿海主要表现为热点区和次热区，而西部内陆则主要表现为冷点区和次冷区。

表 1－3　长三角地区县域农民人均纯收入冷热点空间分布格局

县域	所属地级市	1989	1992	1999	2008	2011
上海市区	上海市	热点	热点	热点	次热	热点
南京市区	南京市	次冷	冷点	次冷	次冷	次冷
高淳区	南京市	次冷	次冷	次冷	次冷	次冷
溧水区	南京市	次冷	冷点	次冷	次冷	次冷
无锡市区	无锡市	热点	热点	次热	次热	热点
江阴市	无锡市	热点	热点	次热	次冷	热点
宜兴市	无锡市	次热	次热	次热	次冷	次热
常州市区	常州市	次热	次热	次冷	次冷	次热
金坛区	常州市	次热	次冷	次冷	次冷	次冷
溧阳市	常州市	次冷	次冷	次冷	次冷	次冷

续表

县域	所属地级市	1989	1992	1999	2008	2011
苏州市区	苏州市	热点	热点	次热	次热	热点
张家港市	苏州市	热点	热点	次热	次热	热点
常熟市	苏州市	热点	热点	次热	次热	热点
太仓市	苏州市	热点	热点	热点	次热	热点
昆山市	苏州市	热点	热点	热点	次热	热点
吴江区	苏州市	热点	热点	热点	次热	热点
南通市区	南通市	次冷	冷点	冷点	次冷	冷点
海门市	南通市	次冷	次冷	次冷	次冷	次冷
启东市	南通市	次冷	次冷	次冷	次冷	次冷
海安县	南通市	冷点	冷点	冷点	冷点	冷点
如东县	南通市	次冷	冷点	冷点	次冷	冷点
如皋市	南通市	冷点	冷点	冷点	冷点	冷点
扬州市区	扬州市	次冷	次冷	次冷	冷点	冷点
高邮市	扬州市	冷点	冷点	冷点	冷点	冷点
江都区	扬州市	冷点	冷点	冷点	冷点	冷点
仪征市	扬州市	次冷	冷点	次冷	次冷	冷点
宝应县	扬州市	冷点	冷点	冷点	冷点	冷点
镇江市区	镇江市	次冷	次冷	次冷	冷点	次冷
扬中市	镇江市	次冷	次冷	次冷	冷点	次冷
丹阳市	镇江市	次热	次热	次冷	次冷	次冷
句容市	镇江市	次冷	次冷	次冷	次冷	次冷
泰州市区	泰州市	次冷	冷点	冷点	冷点	冷点
兴化市	泰州市	冷点	冷点	冷点	冷点	冷点
泰兴市	泰州市	冷点	冷点	冷点	冷点	冷点
靖江市	泰州市	次冷	冷点	冷点	次冷	次冷
姜堰区	泰州市	冷点	冷点	冷点	冷点	冷点
杭州市区	杭州市	次热	次热	次热	次热	热点
临安区	杭州市	次冷	次冷	次热	次热	次冷
富阳区	杭州市	次热	次热	热点	次热	次热
建德市	杭州市	次冷	冷点	次热	次热	冷点
桐庐县	杭州市	次冷	次冷	次热	次热	次冷

续表

县域	所属地级市	1989	1992	1999	2008	2011
淳安县	杭州市	次冷	次冷	次热	次热	冷点
宁波市区	宁波市	次冷	次热	热点	热点	热点
慈溪市	宁波市	次冷	次热	热点	热点	热点
余姚市	宁波市	次冷	次热	热点	热点	热点
奉化区	宁波市	次冷	次冷	热点	热点	次热
象山县	宁波市	次热	次冷	热点	热点	次热
宁海县	宁波市	次冷	冷点	热点	热点	次冷
嘉兴市区	嘉兴市	次热	热点	次热	热点	热点
平湖市	嘉兴市	热点	热点	热点	热点	热点
桐乡市	嘉兴市	次热	次热	次热	次热	热点
海宁市	嘉兴市	次热	次热	次热	热点	热点
嘉善县	嘉兴市	热点	热点	热点	热点	热点
海盐县	嘉兴市	次热	次热	次热	次热	热点
湖州市区	湖州市	次热	次热	次冷	次冷	次热
长兴县	湖州市	次热	次冷	次冷	次冷	次热
安吉县	湖州市	次冷	次热	次热	次热	次热
德清县	湖州市	次热	次热	次热	次热	次热
绍兴市区	绍兴市	次热	次热	热点	热点	热点
上虞区	绍兴市	次冷	次热	热点	热点	热点
嵊州市	绍兴市	次冷	次热	热点	次热	热点
诸暨市	绍兴市	次热	次热	热点	热点	热点
新昌县	绍兴市	冷点	冷点	热点	次热	次冷
绍兴市	绍兴市	次冷	次热	热点	次热	热点
舟山市区	舟山市	次热	次热	次热	次热	次热
岱山县	舟山市	次热	次热	次热	次热	次热
嵊泗县	舟山市	次热	热点	次热	次热	次热
台州市区	台州市	冷点	次冷	热点	热点	次冷
临海市	台州市	冷点	冷点	热点	热点	冷点
温岭市	台州市	次冷	次冷	热点	热点	次热
天台县	台州市	冷点	冷点	热点	次热	冷点
三门县	台州市	冷点	冷点	热点	热点	冷点

续表

县域	所属地级市	1989	1992	1999	2008	2011
仙居县	台州市	冷点	冷点	热点	热点	冷点
玉环市	台州市	次冷	次冷	热点	热点	次热

三、农民人均纯收入增长空间格局演变

为了在总体上把握长三角地区县域农民人均纯收入差异的整体演变过程及其变动状况，有必要探究县域农民人均纯收入增长的空间格局动态。为此，本书将考察期分为4个时段（1989—1992年、1992—1999年、1999—2008年、2008—2011年），通过计算各县域农民人均纯收入平均增长指数的值并进行空间可视化表达，采用自然断裂点法把长三角县域分为热点、次热、次冷、冷点四区，生成空间格局演化表（见表1-4）。分析该表，可得出以下三点认识：

（1）各类型区的转换速度较快，在各时段的空间集聚格局没有明显变化趋势，地理集中现象相对不明显。1989—1992年收入增长冷点区和次冷区均呈现出显著的空间集聚分布；1992—1999年除冷点区保持较高的空间集聚状态外，其他类型区域均表现为随机分布状态；不过这种随机分布变化态势在后两个阶段得到逆转，收入增长热点区、冷点区、次热区集聚态势明显增强，但是次冷区的空间集聚分布态势有所减弱，逐渐呈比较随机分布变化趋势，这主要是因为被其他类型区分割成切块分布。

（2）长三角县域农民收入增长的热点区与冷点区分布都存在一定的跃迁现象，但冷点区较热点区空间集聚状态比较明显。从数量上讲，收入增长的高值区域数量经历了从少到多再减少的过程，1992年以后收入增长的热点区明显增加，不过在后期又有所减少，但整体上是增加的，区域位置变化比较随机，但有由分散向集聚的趋势，聚集中心迁移较快；收入增长的低值区域总体上有所增加，集聚现象比较明显，但是集聚中心变化较快；人均纯收入增长次热区的数量一直在递增，但后期相比前期增长趋于缓慢，集聚趋势有所增加；相对应的次冷区数量则一直处于减少状态，变化幅度在前期比较大，主要是江苏省收入增长变化较大，后期数量趋于稳

定，但自始至终次冷点区域分布呈无规律性变化。从范围上讲，次冷区则是开始明显减少后趋于保持不变，其余的覆盖范围都有所增加。

表 1-4　长三角地区县域农民人均纯收入增长冷热点空间分布格局

县域	所属地级市	1989—1992	1992—1999	1999—2008	2008—2011
上海市区	上海市	次冷	冷点	次冷	次冷
南京市区	南京市	次冷	热点	次冷	次热
高淳区	南京市	次冷	次热	次热	次热
溧水区	南京市	次冷	热点	次冷	次热
无锡市区	无锡市	次冷	冷点	冷点	次热
江阴市	无锡市	次冷	次冷	冷点	次热
宜兴市	无锡市	次冷	次冷	次热	次热
常州市区	常州市	次冷	次冷	冷点	次热
金坛区	常州市	次冷	次冷	次冷	次热
溧阳市	常州市	次冷	次热	次热	次热
苏州市区	苏州市	次冷	次冷	冷点	次热
张家港市	苏州市	次冷	次冷	次冷	次热
常熟市	苏州市	次冷	冷点	冷点	次热
太仓市	苏州市	次热	冷点	冷点	次冷
昆山市	苏州市	次热	冷点	冷点	次热
吴江区	苏州市	冷点	冷点	次热	冷点
南通市区	南通市	次冷	热点	冷点	热点
海门市	南通市	次冷	热点	冷点	热点
启东市	南通市	次冷	热点	冷点	次热
海安县	南通市	次冷	热点	次冷	热点
如东县	南通市	次冷	热点	冷点	热点
如皋市	南通市	次冷	热点	冷点	热点
扬州市区	扬州市	次冷	次冷	冷点	次热
高邮市	扬州市	次冷	次热	冷点	热点
江都区	扬州市	次冷	次热	冷点	热点
仪征市	扬州市	次冷	次热	冷点	热点
宝应县	扬州市	次冷	热点	冷点	热点
镇江市区	镇江市	次冷	次冷	冷点	热点

续表

县域	所属地级市	1989—1992	1992—1999	1999—2008	2008—2011
扬中市	镇江市	次冷	次冷	冷点	次热
丹阳市	镇江市	次冷	次冷	冷点	次热
句容市	镇江市	次冷	次热	次冷	次热
泰州市区	泰州市	次冷	次热	次冷	次热
兴化市	泰州市	次冷	热点	冷点	热点
泰兴市	泰州市	次冷	热点	冷点	热点
靖江市	泰州市	次冷	热点	次冷	热点
姜堰区	泰州市	次冷	热点	冷点	热点
杭州市区	杭州市	次冷	次冷	热点	冷点
临安区	杭州市	次冷	次热	次热	冷点
富阳区	杭州市	热点	次热	次热	冷点
建德市	杭州市	次冷	次冷	次热	冷点
桐庐县	杭州市	热点	次冷	次热	冷点
淳安县	杭州市	次冷	次冷	冷点	冷点
宁波市区	宁波市	次冷	次冷	次热	次热
慈溪市	宁波市	次冷	次冷	次冷	次热
余姚市	宁波市	次冷	次冷	次冷	冷点
奉化区	宁波市	次冷	次热	次热	次冷
象山县	宁波市	热点	次热	次热	次冷
宁海县	宁波市	次热	热点	次热	次冷
嘉兴市区	嘉兴市	冷点	冷点	热点	次冷
平湖市	嘉兴市	次冷	冷点	热点	冷点
桐乡市	嘉兴市	冷点	冷点	热点	冷点
海宁市	嘉兴市	冷点	冷点	热点	冷点
嘉善县	嘉兴市	冷点	冷点	次热	次冷
海盐县	嘉兴市	冷点	冷点	热点	次热
湖州市区	湖州市	冷点	冷点	冷点	冷点
长兴县	湖州市	冷点	次冷	热点	次冷
安吉县	湖州市	冷点	次冷	热点	冷点
德清县	湖州市	冷点	次冷	热点	冷点
绍兴市区	绍兴市	热点	次热	次热	冷点

续表

县域	所属地级市	1989—1992	1992—1999	1999—2008	2008—2011
上虞区	绍兴市	热点	次冷	次冷	冷点
嵊州市	绍兴市	次热	次热	次冷	次冷
诸暨市	绍兴市	热点	次热	次热	冷点
新昌县	绍兴市	次冷	热点	次热	次冷
绍兴市	绍兴市	热点	次热	次冷	冷点
舟山市区	舟山市	热点	次冷	次热	冷点
岱山县	舟山市	次冷	次冷	冷点	次冷
嵊泗县	舟山市	次冷	次冷	冷点	次冷
台州市区	台州市	次热	次热	次冷	次冷
临海市	台州市	次热	次热	次热	次冷
温岭市	台州市	热点	热点	次冷	次冷
天台县	台州市	次热	热点	次热	次冷
三门县	台州市	次热	次热	次热	次冷
仙居县	台州市	次热	次热	次热	次冷
玉环市	台州市	热点	热点	次冷	次冷

（3）比较长三角农村居民人均纯收入差异格局演化态势（见表1－3）和农村居民人均纯收入增长演化态势（见表1－4），可以发现，两者存在一定的相互关联，某个时段的收入增长热点区（冷点区）往往促使收入发展的热点区（冷点区）产生迁移现象，区域间冷热点属性具有相互潜移默化的影响作用。

第三节　苏中、苏南地区县域城镇居民人均可支配收入时空格局演变

一、城镇居民人均可支配收入基本情况

1989年以来，苏中、苏南地区的城镇居民人均可支配收入水平持续上升，但绝对差异和相对差异却在不断增大。从表1－5中可以看出，极差由

1989年的660元增至2011年的23332元；标准差由1989年的181元增至2011年的5855元，区域间城镇居民人均可支配收入的绝对差异逐年增大。极商由1989年的1.60增至2011年的1.97，增幅达到23%，变异系数的增幅达到29%，整体上看，苏中、苏南地区城镇人均可支配收入差异呈增大趋势，其间波动性显著。

表1-5　苏中、苏南地区城镇居民人均可支配收入水平

年份	平均值	最大值	最小值	极差	标准差	极商	平均增长指数	变异系数	基尼系数	沃尔夫森指数
1989	1405	1768	1108	660	181	1.60		0.129	0.072	0.048
1990	1967	2475	1551	924	253	1.60	40.0	0.129	0.072	0.048
1991	2754	3465	2171	1294	355	1.60	40.0	0.129	0.072	0.048
1992	3030	3812	2388	1424	390	1.60	10.0	0.129	0.072	0.048
1993	3437	4505	2514	1991	570	1.79	13.1	0.166	0.093	0.076
1994	4770	6239	3303	2936	838	1.89	38.8	0.176	0.098	0.067
1995	5755	7282	3963	3319	874	1.84	21.3	0.152	0.085	0.051
1996	6338	8116	4433	3683	1055	1.83	10.0	0.166	0.094	0.062
1997	6757	8594	4697	3897	1138	1.83	6.7	0.168	0.095	0.067
1998	7490	9325	6010	3315	1086	1.55	11.4	0.145	0.082	0.072
1999	8228	10211	6683	3528	1145	1.53	10.0	0.139	0.079	0.077
2000	9039	11365	7300	4065	1258	1.56	9.9	0.139	0.079	0.069
2001	10390	13782	7828	5954	1601	1.76	14.9	0.154	0.086	0.064
2002	12016	19148	8742	10406	2331	2.19	15.4	0.194	0.105	0.077
2003	14114	22190	9749	12441	3182	2.28	16.9	0.225	0.125	0.093
2004	16210	26063	10839	15224	3691	2.40	14.8	0.228	0.125	0.088
2005	18739	29342	13028	16314	4106	2.25	15.8	0.219	0.121	0.091
2006	21607	32459	14979	17480	4474	2.19	15.6	0.207	0.115	0.081
2007	25195	35908	16825	19083	4728	2.13	17.2	0.188	0.104	0.065
2008	29571	39876	20286	19590	4916	1.97	17.9	0.166	0.092	0.059
2009	31346	42268	21504	20764	5210	1.97	6.0	0.166	0.092	0.059
2010	33226	44808	22794	22014	5523	1.97	6.0	0.166	0.092	0.059
2011	35220	47493	24161	23332	5855	1.97	6.0	0.166	0.092	0.059

资料来源：根据1990—2012年《江苏统计年鉴》整理计算得到。

结合图1-2、图1-3和表1-5可知，平均增长指数整体呈下降趋势，其间波动变化态势较为显著。1989—1996年的波动幅度较大，振幅达到30，波动幅度最大的是南京市，这是由于其地处内陆，远离经济与居民生活具有良好耦合协调发展关系的上海（宋伟轩等，2013）。2000—2008年，平均增长指数出现小幅回升。21世纪初，江苏省提出了“三沿”战略（沿沪宁线、沿江和沿东陇海），其中，沪宁线和沿江线给苏中、苏南地区的经济发展带来了新的生机。随着2008年美国次贷危机爆发，苏中、苏南地区也受到影响，平均增长指数在2009年急剧下降至6.0，经济增长速度明显放缓。

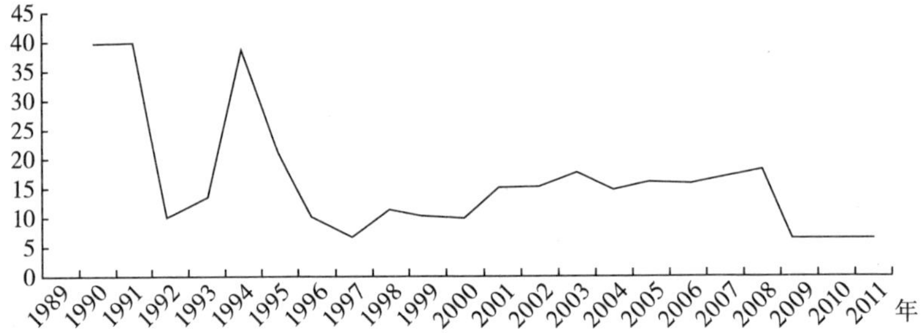

图1-2　城镇居民人均可支配收入平均增长指数

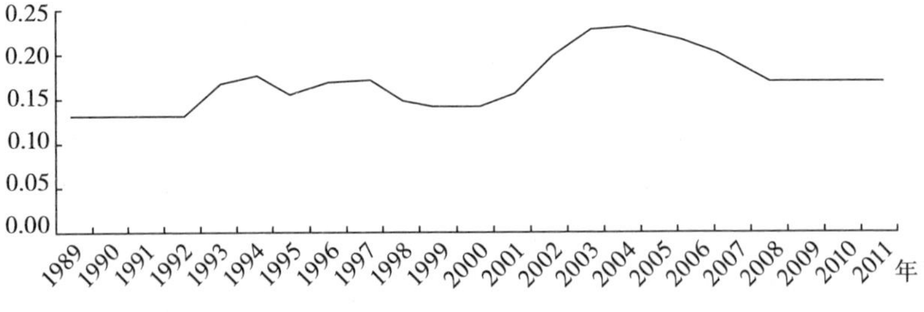

图1-3　城镇居民人均可支配收入变异系数

二、城镇居民人均可支配收入区域差异和极化程度演变过程

为了深入揭示样本地区县域城镇居民收入区域差异和极化程度，引入基尼系数和沃尔夫森指数。从图1-4中可以看出，基尼系数由1989年的

0.072 增至2011 年的0.092，增幅达到27.8%，整体呈上升趋势，其间波动显著。1989—2011 年样本区域的沃尔夫森指数走势和基尼系数大致相同，1989—2011 年的增幅为22.9%，表明样本区域内的相对差异增大。根据相对差异的阶段性变化趋势，选取峰值和谷值年份，即1989 年、1994年、1995 年、1997 年、2000 年、2004 年和2011 年断面，对县域单元城镇居民收入的空间格局进行研究。

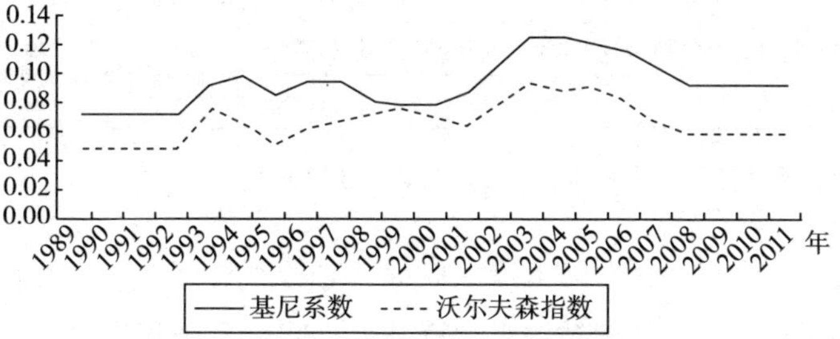

图1－4 城镇居民人均可支配收入基尼系数和沃尔夫森指数趋势

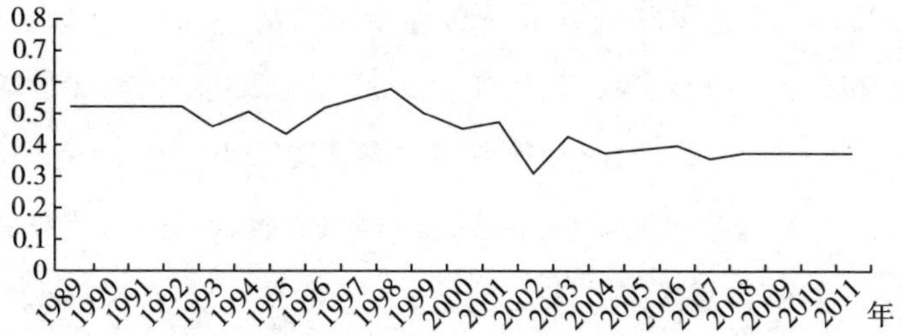

图1－5 城镇居民人均可支配收入 Moran's *I* 指数趋势

三、县域城镇居民人均可支配收入区域格局的空间演变

空间自相关性使用全局和局部两种指标，全局指标用于探测整个区域的空间模式（张松林、张昆，2007）。计算 Moran's *I* 指数（见表1－6），各年份全局的 Moran's *I* 值均在0.47 以上，表明苏中苏南地区城镇居民人均可支配收入存在全局空间正相关，相似的地区在空间上聚集分布。结合图1－5可知，Moran's *I* 指数呈降低态势，其间波动显著。Moran's *I* 指数在观察期内有比较明显的阶段性特征，空间集聚呈现出从强到弱的态势，但总体格局基本保持稳定。

表 1-6 苏中、苏南地区城镇居民人均可支配收入 Moran's I 指数

年份	Moran's I	Z(I)	年份	Moran's I	Z(I)	年份	Moran's I	Z(I)
1989	0.6721	9.3599	1997	0.7001	9.7335	2005	0.5300	7.3305
1990	0.6721	9.3599	1998	0.7253	10.0697	2006	0.5429	7.4639
1991	0.6721	9.3599	1999	0.6451	8.9996	2007	0.5049	7.6360
1992	0.6721	9.3599	2000	0.6048	9.7295	2008	0.5239	7.1290
1993	0.6034	8.4432	2001	0.6242	8.4619	2009	0.5239	7.3825
1994	0.6566	9.1531	2002	0.4559	8.7208	2010	0.5239	7.3825
1995	0.5821	8.1590	2003	0.5753	6.4752	2011	0.5239	7.3825
1996	0.6556	9.1397	2004	0.5200	8.0683			

注：标准化统计量 Z 用来检验 n 个区域是否存在空间自相关关系，$Z=\frac{I-E(I)}{\sqrt{\mathrm{VAR(I)}}}$。

空间自相关全局指标有时会掩盖局部状态的不稳定性，因此在很多场合使用局部指标。局部指标被用来计算一个空间单元与邻近单元就某一属性的相关程度，可进一步揭示样本区域的空间聚集与分散特征（张松林、张昆，2007）。根据区域相对差异阶段性变化趋势，利用 ArcGIS 分别计算 1989 年、1994 年、1995 年、1997 年、2000 年、2004 年和 2011 年县域单元的 Getis－Ord G^* 指数，生成冷热点演化表（见表 1－7）。

表 1-7 苏中、苏南地区县域城镇居民人均可支配收入冷热点空间分布格局

县域	所属地级市	1989	1994	1995	1997	2000	2004	2011
南京市区	南京市	次冷	次冷	次冷	次冷	次冷	热点	次热
高淳区	南京市	冷点	冷点	次冷	次冷	次冷	次热	次冷
溧水区	南京市	冷点	冷点	次冷	次冷	次冷	次冷	次冷
无锡市区	无锡市	热点	热点	热点	热点	热点	热点	热点
江阴市	无锡市	次热	热点	热点	次热	次热	热点	热点
宜兴市	无锡市	次热	次热	热点	次热	热点	次热	次热
常州市区	常州市	次热	次热	热点	次热	次热	热点	热点
金坛区	常州市	次冷	次冷	次热	次热	次热	次热	次冷
溧阳市	常州市	次冷	次冷	次冷	次冷	次热	次热	次冷
苏州市区	苏州市	热点	热点	热点	热点	热点	热点	热点

续表

县域	所属地级市	1989	1994	1995	1997	2000	2004	2011
张家港市	苏州市	次热	次热	热点	次热	次冷	次热	次热
常熟市	苏州市	热点	热点	热点	热点	热点	热点	热点
太仓市	苏州市	热点	热点	热点	热点	热点	热点	热点
昆山市	苏州市	热点	热点	热点	热点	热点	热点	热点
吴江区	苏州市	热点	热点	热点	热点	热点	热点	热点
南通市区	南通市	次冷	次热	次热	次冷	次冷	次热	次热
海门市	南通市	次冷	次冷	次冷	次冷	次冷	次冷	次冷
启东市	南通市	次冷	次冷	次冷	次冷	次冷	次冷	次冷
海安县	南通市	冷点	冷点	冷点	冷点	冷点	冷点	冷点
如东县	南通市	次冷	次冷	次冷	次冷	次冷	次冷	次冷
如皋市	南通市	冷点	冷点	冷点	冷点	冷点	次冷	次冷
扬州市区	扬州市	冷点	次冷	次冷	次冷	次冷	次冷	冷点
高邮市	扬州市	冷点	冷点	冷点	冷点	冷点	冷点	冷点
江都区	扬州市	冷点	冷点	次冷	冷点	冷点	冷点	冷点
仪征市	扬州市	次冷	次热	次热	次热	次热	次热	次冷
宝应县	扬州市	冷点	冷点	冷点	冷点	冷点	冷点	冷点
镇江市区	镇江市	次冷	次冷	次冷	次冷	次热	次冷	冷点
扬中市	镇江市	次冷	次冷	次冷	次冷	次冷	次冷	冷点
丹阳市	镇江市	次冷	次热	次热	次热	次热	次热	次冷
句容市	镇江市	次冷	次冷	次冷	次冷	次冷	次热	次热
泰州市区	泰州市	冷点	冷点	冷点	冷点	冷点	冷点	冷点
兴化市	泰州市	冷点	冷点	冷点	冷点	冷点	冷点	冷点
泰兴市	泰州市	冷点	冷点	冷点	冷点	冷点	冷点	冷点
靖江市	泰州市	次冷	次热	次热	次冷	次冷	次热	次热
姜堰区	泰州市	冷点	冷点	冷点	冷点	冷点	冷点	冷点

（1）整体而言，1989—2011 年，苏中、苏南地区城镇居民人均可支配收入冷热点区域呈较稳定的集聚分布，且整体结构呈高度聚集的东西斜对称的空间特征。苏南地区处于高值簇，热点高值簇区域聚集，苏中地区处于低值簇，冷点低值簇区域聚集。苏中、苏南地区的经济发展存在南北极化的现象。

（2）热点区主要分布在南部的沿海区域，即苏南地区。无锡市、苏州市、常熟市、昆山市、太仓市和吴江区一直是经济热点区域，江阴市4个关键年份为热点区域。另外，南京、宜兴和常州等市部分年份为经济热点区域，经济热点区域呈沿海向内陆扩展的趋势。

（3）次热点区主要分布在苏南地区，集中于宜兴—常州—靖江—张家港—南通一线及其周围县域单元。分布区域受到热点地区的辐射带动作用，呈向内陆扩展趋势。

（4）次冷点区主要分布在苏中沿海城市和苏南内陆城市，主要包括启东市和如东县等沿海城市，南京市和溧水区等内陆城市呈明显的空间集聚分布。随着经济热点和次热点区向内陆的扩展，次冷点区正被逐渐压缩。

（5）冷点区主要位于苏中的北部一带，主要分布在宝应县、高邮市和兴化市等城市。1994年以来，溧水区和高淳区转变为次冷点区，冷点区整体呈局部收缩态势。

四、城镇居民人均可支配收入增长空间格局演变

采用自然断裂点法对平均增长指数的Getis－Ord G^* 指数进行可视化表达，选取1989—1994年、1994—1995年、1995—1997年、1997—2000年、2000—2004年和2004—2011年共6个时间段，生成增长空间分布格局表（见表1－8）。

表1－8　苏中、苏南地区县域城镇居民人均可支配收入增长的冷热点空间分布格局

县域	所属地级市	1989—1994年	1994—1995年	1995—1997年	1997—2000年	2000—2004年	2004—2011年
南京市区	南京市	次冷	次热	次热	次冷	热点	次冷
高淳区	南京市	次冷	热点	次热	热点	次冷	次冷
溧水区	南京市	冷点	热点	次热	热点	次冷	次冷
无锡市区	无锡市	热点	冷点	次热	冷点	热点	冷点
江阴市	无锡市	热点	次冷	次冷	冷点	次热	次冷
宜兴市	无锡市	次冷	热点	次热	次冷	次冷	冷点
常州市区	常州市	次热	次冷	次热	次冷	次热	次冷

续表

县域	所属地级市	1989—1994 年	1994—1995 年	1995—1997 年	1997—2000 年	2000—2004 年	2004—2011 年
金坛区	常州市	次热	热点	热点	次冷	冷点	次冷
溧阳市	常州市	次冷	热点	热点	热点	次冷	冷点
苏州市区	苏州市	次热	次冷	热点	冷点	热点	冷点
张家港市	苏州市	次热	次热	冷点	冷点	次热	次热
常熟市	苏州市	热点	冷点	热点	冷点	次热	冷点
太仓市	苏州市	热点	冷点	热点	冷点	次热	冷点
昆山市	苏州市	热点	冷点	热点	冷点	次热	冷点
吴江区	苏州市	次热	冷点	热点	冷点	次热	冷点
南通市区	南通市	次热	次热	次冷	冷点	次热	次热
海门市	南通市	次冷	次热	次冷	次冷	次冷	热点
启东市	南通市	次冷	次热	次冷	次冷	冷点	热点
海安县	南通市	冷点	热点	冷点	次热	次冷	热点
如东县	南通市	次热	次冷	次冷	冷点	次冷	热点
如皋市	南通市	冷点	次热	次冷	次冷	次冷	热点
扬州市区	扬州市	次热	热点	次热	次冷	冷点	次冷
高邮市	扬州市	次冷	热点	次热	次冷	冷点	次热
江都区	扬州市	次热	热点	冷点	次冷	冷点	次热
仪征市	扬州市	热点	次热	次热	次热	次冷	冷点
宝应县	扬州市	冷点	热点	次热	次热	冷点	热点
镇江市区	镇江市	次热	次热	热点	次冷	冷点	次冷
扬中市	镇江市	次热	次冷	冷点	次热	冷点	次热
丹阳市	镇江市	次热	次冷	热点	次热	冷点	次冷
句容市	镇江市	次热	次冷	次热	次热	次热	冷点
泰州市区	泰州市	次冷	次热	冷点	次热	冷点	次热
兴化市	泰州市	冷点	次热	次冷	热点	冷点	次热
泰兴市	泰州市	次冷	次热	冷点	次热	次冷	热点
靖江市	泰州市	次热	次热	次冷	次冷	次热	次热
姜堰区	泰州市	冷点	次冷	冷点	次热	冷点	热点

（1）增长冷点区和热点区出现多次切换，极少县域单元能保持稳定的

增长类型。各类型区的空间集聚格局呈现出先弱后强的态势。1989—1997年增长的冷热点区和次热点区呈显著的空间集群分布；1997—2011 年增长的冷点区呈显著的空间集聚分布。

（2）增长热点区自 1989 年开始由苏南沿海向内陆迁移。冷点区和热点区频繁切换，冷点区多呈集聚分布，热点区分布零散。次热点区和次冷点区分布比较广泛，主要分布在内陆地区。

（3）各类型区域出现过多次跃迁与交替。由于相邻县域之间的经济发展具有相似性，故热点区和次热点区、冷点区和次冷点区的跃迁方向呈现出高度一致性。1989—1994 年该阶段热点区和次热点区主要集聚在苏南地区，冷点区主要集聚在苏中地区；而 1994—1995 年该阶段发生了南北切换。

第四节　结束语

通过对长三角地区县域农村居民人均纯收入差异的实证分析，可知：

第一，长三角县域农民人均年纯收入的绝对差异逐年扩大，且有加剧态势，尤其是极差指标快速增长，且呈现出很明显的阶段特征，而相对差异则呈波动减小趋势，并且进入 21 世纪后趋于稳定。

第二，农民人均纯收入水平呈较强的空间正相关，收入水平相似的地区在空间上集聚，且集聚态势总体不断加强，但冷热点区跃迁现象较频繁，热点区多分布在上海、平湖至张家港、无锡一带，2000 年以后，南扩至嘉兴至宁波的沿海地带；宝应到如皋一带始终是收入的冷点区域。

第三，农民人均纯收入增长格局也表现出较强的空间集聚，但是各增长类型区切换较为频繁，表现为收入增长热点区（冷点区）促使收入水平的热点区（冷点区）产生迁移。

本书采用 ESDA—GIS 方法，基于 1989—2011 年 23 年的数据，对长三角 74 个县的农民人均年纯收入进行了时空演变研究，较好地揭示了长三角在过去的 23 年里农民收入空间格局演变过程。考虑到数据的可获得性与代表性，本书仅分析了农民人均纯收入的时空演变，研究指标略显单一，可能造成对长三角县域农民人均纯收入研究的片面性。此外，本书的研究还有以下几个方面需要深入：首先，不同的空间权重标准会造成空间相关性统计量的变化，从而可能会影响结果，在以后的研究中还需用其他方法对结果进行检验；其次，随着社会的发展尤其是交通变革（杭州湾大桥的建成、高铁等）、相邻区域战略的实施（江苏沿海发展战略等），长三角的经济格局会有新发展和新变化，这是下一步亟须深入讨论的重要方向。

目前，长三角县域农民收入相对差异在逐渐减小，空间区域差异虽没有扩大趋势，却仍然比较大。为了缩小区域差异、促进区域整体协调发展，可以从以下几个方面着手：

（1）进一步发挥发达城市的辐射带动作用，特别是要加快推进上海自贸区的发展，扩大以上海为核心、嘉兴等沿海地带为依托的城市辐射带动力，形成“先富带动后富”的良好机制，最终达到共同富裕。

（2）进一步发挥长三角的金融经济优势，加快经济发展，从整体上提高长三角经济水平，发展农村金融，带动农民收入提高，并加快城镇化与城市化进程。

（3）对于长三角的大部分北翼地区和少数南翼地区，特别是宝应到如皋一带，政府部门应该加大财政补贴力度，扩大养老保险、医疗保险和最低生活保障的覆盖面，要组织农民参加技能培训，提高他们的科技文化素质和就业创业能力，并为农民提供良好的外部环境，给予其市场和技术、服务指导等，扩大当地农民的收入来源，提高农民收入水平。

而采用 ESDA 技术对 1989—2011 年苏中、苏南地区县域单元的城镇居民人均可支配收入的时空格局演变进行分析，研究得出：苏中地区和苏南地区的区域差异和极化程度存在不断增大的趋势，相邻区域间的相关性逐渐增强，正是在这种形势之下，政府提出了“苏中融入苏南”战略，充分发挥苏南经济对苏中经济的带动作用，促进苏南优质产业向苏中转移，使苏中在本身资源优势和劳动力优势的基础上实现经济快速发展。

本书采用标准差和极差来描述区域间的收入差异，研究结果会受到总体收入水平的影响，用绝对差异来研究区域间的收入差距，会与实际产生一定的偏差，笔者也在努力提高方法的精确度和效率，以期在以后的研究中加以改进。

第二章　基于核密度估计的长三角县域居民收入差距演变趋势研究

改革开放以来，中国经济快速发展，长三角地区作为中国经济发展的前沿地带，其城乡居民收入也随之快速增加。与此同时，城镇居民之间、农村居民之间以及城乡居民之间的收入差距也在不断扩大，收入分配不均日益成为阻碍长三角地区经济发展的重要因素，对长三角一体化格局与城乡协调发展极为不利。因而陆续有学者从收入差距评估、格局演变、影响因素、不平衡性、适度性测度、原因与对策等方面对长三角城乡居民收入差距进行了研究（张震，2003；黄祖辉等，2005；韩留富，2007；黄国华，2009；刘文、房光婷，2010；史红亮等，2010；孙敬水、汪庆芝，2012；杜建国等，2013；宋伟轩等，2013）。

城乡居民收入差距的研究方法大体可分为两类：第一类是对衡量收入差距的统计指标进行估算，如计算收入分布方差、基尼系数、城乡收入比等；第二类是采用非参半参统计方法对整个收入分布进行估计。而第一类方法立足于采用单一（或多个）指标对城乡收入差距进行总结性描述，不能全面反映所有信息。在非参数计量模型中，密度函数核估计方法采用分布函数的形式描述城乡居民收入和经济发展差距，可以全面反映收入分配与经济发展的统计信息及其动态变化过程，从而得到了国内外学者的青睐（Aziz et al.，2001；Sun，2005；张瑜，2006；陈昌兵，2007；徐现祥、王海港，2008；胡学锋、王鹤，2009；吴玉霞，2012）。鉴于此，本书以长三角地区74个县域单元1991—2011年城镇居民人均可支配收入和农村居民人均纯收入为分析对象，运用密度函数核估计法，对城镇居民人均可支配收入和农村居民人均纯收入进行了非参数估计，并在此基础上，分析了城镇居民内部、农村居民内部及城乡居民之间收入差距的变化情况与收入分布的演变趋势。

第一节　一元密度函数核估计

设 X 为一个随机变量，其密度函数 $f(x)$ 未知，设 $x_1,\cdots,x_n$ 为 X 的样本观测值。可从经验分布函数导出密度函数的核估计，经验分布函数为：

$$F_N(x) = \frac{1}{N}\sum_{i=1}^{N} I(x_i \leqslant x) \ , \qquad (2-1)$$

式（2－1）中，N 是观测值的数目；$I(z)$ 为指针函数；z 是条件关系式，当 z 为真时，$I(z)=1$，当 z 为假时，$I(z)=0$。式（2－1）中条件关系式 z 为 $x_i \leqslant x$，x_i 是 i 点的样本观测值，当 $x_i \leqslant x$ 时，$I(x_i \leqslant x)=1$，否则取值为0。

取核函数为均匀核：

$$K_0(x) = \begin{cases} 1/2 & -1 \leqslant x \leqslant 1 \\ 0 & \text{其他} \end{cases}$$

则核密度估计为：

$$f(x) = [F_N(x+h) - F_N(x-h)]/2h = \frac{1}{2h}\left[\frac{1}{N}\sum_{i=1}^{N} I(x-h \leqslant x_i \leqslant x+h)\right] = \frac{1}{h}\frac{1}{N}\sum_{i=1}^{N}\left[\frac{1}{2}I\left(-1 \leqslant \frac{x-x_i}{h} \leqslant 1\right)\right] = \frac{1}{Nh}\sum_{i=1}^{N} K_0\left(\frac{x-x_i}{h}\right) \qquad (2-2)$$

式（2－2）中，h 是带宽（或平滑参数），将核函数放宽就得到一般的核密度估计：

$$f(x) = \frac{1}{Nh}\sum_{i=1}^{N} K\left(\frac{x-x_i}{h}\right) \qquad (2-3)$$

式（2－3）中，K 是核函数。

带宽 h 控制密度估计的平滑程度，带宽越大，估计越平滑，但估计的偏差越大。带宽的选取在密度估计中十分重要。Silverman 方法是一种基于数据的自动带宽 $h = 0.9kN^{1/5}\min\{s, IQR/1.34\}$，$s$ 是标准离差；IQR 为四分位距（Interquartile Range），因子 k 是标准带宽变换，标准带宽变换用来调整带宽，以便对于不同核函数的密度估计有大致相当的平滑。

第二节　城乡居民收入分布变化分析

根据上文介绍的非参数估计方法，利用 Eviews 6.0 软件，可分别估计出 1991—2011 年各年份长三角城镇居民人均可支配收入、农村居民人均纯收入和城乡居民人均收入分布的密度函数。以上所需的 1991—2011 年城镇居民人均可支配收入和农村居民人均纯收入数据（均为当年价）均来源于上海市、江苏省和浙江省 1992—2012 年的统计年鉴。此外，为保证空间单元的一致性，行政单元的数量和范围以 2011 年行政区划为基准，并参照历史行政区划调整进行空间数据合并。为了便于分析，本书仅取 1991 年、1995 年、1999 年、2003 年、2007 年、2011 年 6 个主要年份进行估计，并就其动态变化趋势进行分析。

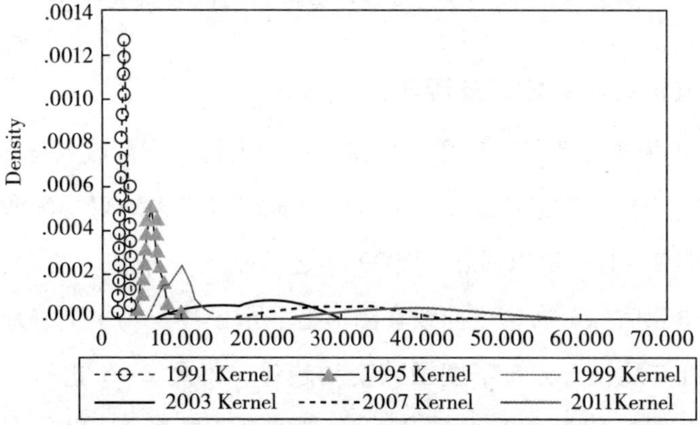

图 2－1　主要年份城镇居民人均可支配收入分布

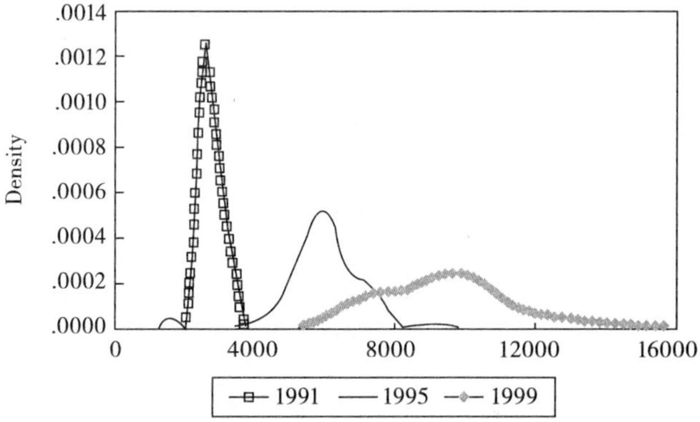

图 2-2　1991—1999 年城镇居民人均可支配收入分布

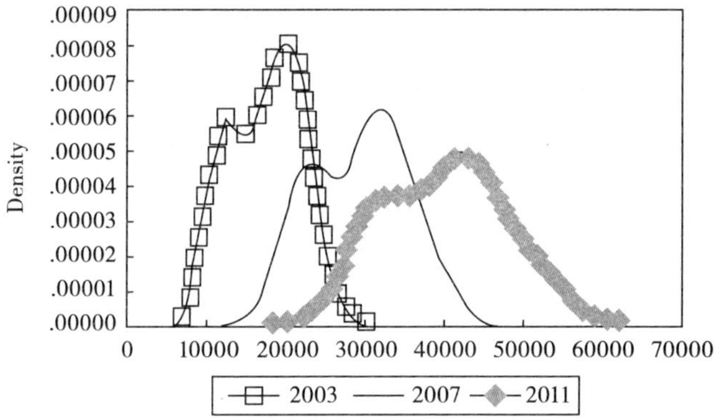

图 2-3　2003—2011 年城镇居民人均可支配收入分布

一、城镇居民人均可支配收入的分布

图 2-1 为主要年份长三角县域城镇居民人均可支配收入分布图，横轴代表城镇居民人均可支配收入，纵轴代表城镇居民人均可支配收入的分布密度。从图 2-1 中可以看出，1999 年之后收入分布密度曲线变动较大，2003—2011 年收入分布密度曲线在图形上显示模糊。为了更好地分析城镇居民人均可支配收入分布密度函数变动趋势，将图 2-1 进行拆分，得到图 2-2（1991—1999 年）与图 2-3（2003—2011 年），以分别进行各自的趋势对比分析。从以上 3 个图可得出长三角县域城镇居民人均可支配收

入分布大致有以下 3 个特征：

（1）由图 2 -1 可知，1991—2011 年，长三角地区城镇居民人均可支配收入分布密度曲线分布中心不断向右平移，反映出长三角地区城镇居民人均可支配收入逐年增加，人民生活有很大的改善。且 1999—2003 年平移幅度最大，说明这 4 年间长三角地区城镇居民人均可支配收入增长迅速。

（2）不同收入段的平移速度不同。从图 2 -3 中可以看出，位于收入分布密度函数曲线左尾移动距离明显小于右尾，说明城镇居民低收入增长速度明显小于高收入增长速度；1999 年之前（见图 2 -2），收入分布密度曲线均为单峰分布，而 2003 年之后（见图 2 -3）均为双峰分布，收入分布函数分别向高、低两个层次集聚，出现两极分化。

（3）如图 2 -2 所示，1991—1995 年，长三角城镇居民人均可支配收入分布密度曲线的峰值急速下降，收入分布密度函数变化区间明显增大，表明城镇居民人均可支配收入由收敛转为发散状态（陈昌兵，2007）。1991 年收入分布密度曲线呈尖峰分布，城镇居民收入水平较为一致，分布区间狭窄；1999 年之后，收入分布密度曲线分布区间逐渐扩大，说明城镇居民收入差距逐年扩大。

总之，1991—2011 年，长三角城镇居民人均可支配收入一直保持增长态势，特别是 1999—2011 年的 13 年间，城镇居民人均可支配收入快速增长，收入分布密度曲线逐年右移。此外，还可将长三角城镇居民人均可支配收入差距变动趋势分为两个阶段：第一个阶段是 1991—1995 年，收入分布集中，城镇居民收入水平差距不大；第二个阶段是 1995—2011 年，城镇居民人均可支配收入分布区间越来越大，收入差距逐渐显现。尽管整体收入水平在增加，但高低收入间的差距也在逐年扩大，低收入的增长速度明显小于高收入的增长速度，1995—2011 年两极分化现象逐年加重。

二、农村居民人均纯收入的分布

图 2 -4 显示了主要年份长三角农村居民人均纯收入的分布情况，横轴代表农村居民人均纯收入，纵轴代表农村居民人均纯收入分布密度。在图 2 -4中，1999 年之后收入分布密度曲线变动较大，2003—2011 年收入

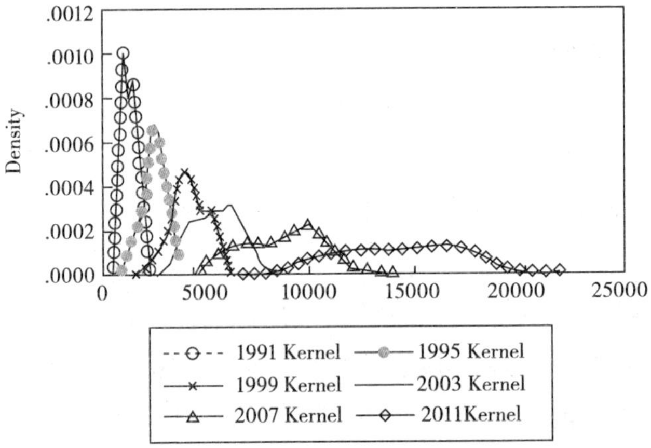

图 2 -4　主要年份农村居民人均纯收入分布

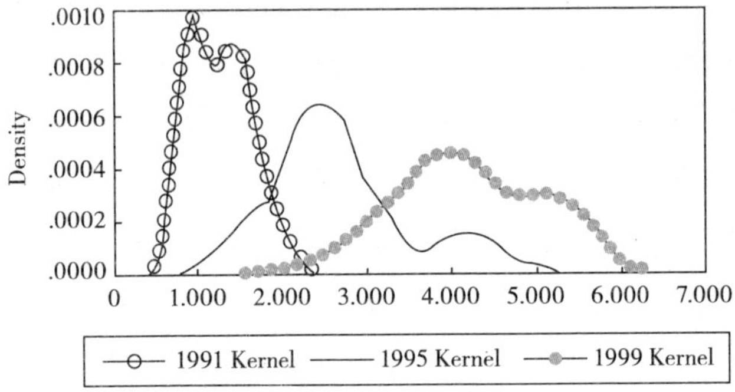

图 2 -5　1991—1999 年农村居民人均纯收入分布

分布密度曲线在图形上显示模糊。为了更好地分析农村居民人均纯收入分布密度函数变动趋势，将图 2 -4 进行拆分，得到图 2 -5（1991—1999 年）与图 2 -6（2003—2011 年），以分别进行各自的趋势对比分析。由以上 3 个图可知长三角农村居民人均纯收入分布大致有以下 5 个特征：

（1）由图 2 -4 可知，长三角农村居民人均纯收入分布曲线中心不断右移，这说明长三角地区农村居民人均纯收入持续增长，特别是 1999 年之后，向右平移幅度加大，增速明显加快。

（2）不同收入段的平移距离不同。如图 2 -5 和图 2 -6 所示，收入分

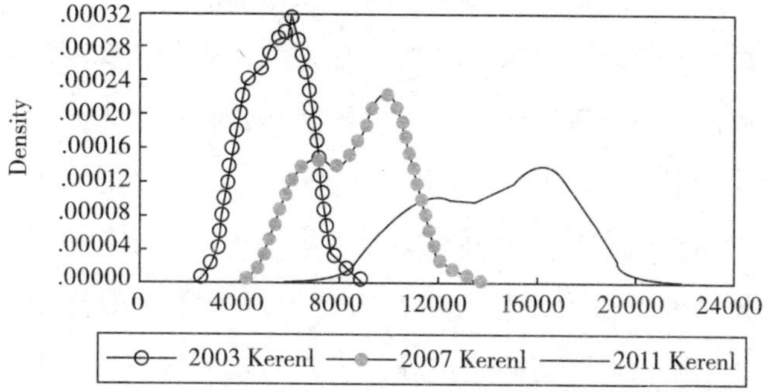

图 2-6　2003—2011 年农村居民人均纯收入分布

布密度函数曲线左尾移动距离明显都小于右尾，这说明农村居民高低收入者的收入增长速度不同，高收入者的收入增长速度明显快于低收入者。此外，1991—1999 年，收入分布密度曲线呈双峰分布，表明该时间段存在收入差距，但是收入分布较为合理、均匀，近似正态分布。2003 年收入分布曲线呈不明显的双峰分布，而 2003 年之后，呈明显的双峰分布，且分布曲线左尾相对密集，右尾则层次不一。

（3）农村居民人均纯收入分布区间逐年变大，收入分布密度函数峰值逐年下降，收入分布密度曲线逐渐变得矮而扁平，特别是 1991—1999 年的 9 年间更为显著。这说明农村居民人均纯收入存在多层次性，收入差距逐渐扩大。

（4）1991—2011 年，分布曲线右尾一直在变大，且右尾平移速度明显大于左尾。这一方面表明农村居民低收入者比重一直在减少，高收入者比重一直在增加；另一方面说明长三角地区农村低收入居民人均纯收入增长缓慢，高收入居民人均纯收入增长迅速（胡学锋、王鹤，2009）。

（5）收入差距两极分化现象存在周期性变化，且总体上两极分化现象逐渐趋于严重化。1991 年形成明显的双峰分布，收入在高、低两种水平集聚，且两峰峰值相差不大，说明高低收入人数相当。同时，两峰峰值对应的收入水平也相差不大。从 1995 年的收入分布密度曲线来看，左峰明显高于右峰，表明该年低收入者人数较多；右峰峰值较小，表明高收入者人数只占少部分，此时未形成明显的收入两极分化现象。1999 年峰值下降，整个收入分布呈分散状态，高收入者所占总人数比重较 1995 年有显著提高，低收入者人数比重呈下降趋势，此时二者收入水平差距也较 1991 年有所扩大，两极分化现象加剧。此后的 1999—2003 年，双峰现象再次减轻，且 2003 年由双峰分布向单峰分布转变，收入集中于一个水平，具有明显的收敛性，两极分化现象得到明显改善；而 2003—2011 年双峰现象又开始加重，且在这几年间，右峰均高于左峰，表明高收入者人数多于低收入者人数，高收入者人数比重加大。与此同时，两峰之间的高度距离却逐年减小，再次出现明显的高、低两个收入水平层，两极分化现象再次趋于严重化，且较 1991 年更为严重。1991—2011 年的收入密度曲线变化表明，长三角地区农村居民内部高低收入两极分化现象总体趋于严重化的同时又伴随着明显的周期性波动。

总体而言，农村居民人均纯收入呈持续增长态势，其中，1991—1999 年农村居民人均纯收入状况有所改善，1999—2011 年进入高速增长期，农村居民生活条件得到显著改善，在此期间，收入分布也在逐渐分散，高低收入之间的差距增大，高低收入者的收入增长速度明显不同，两极分化现象在呈周期性波动的同时总体上趋于严重化。

三、城乡居民收入分布

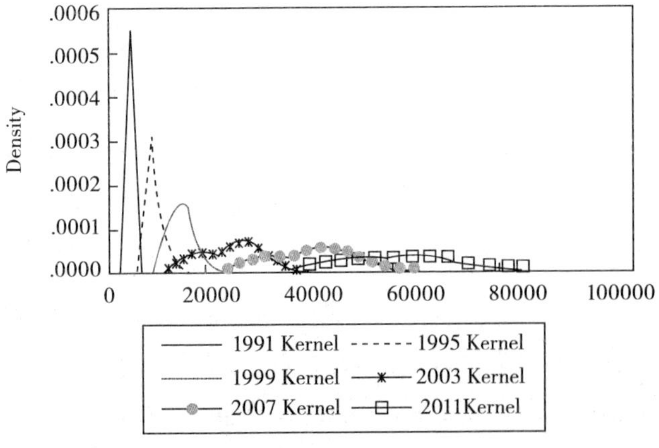

图 2－7　主要年份城乡居民收入分布

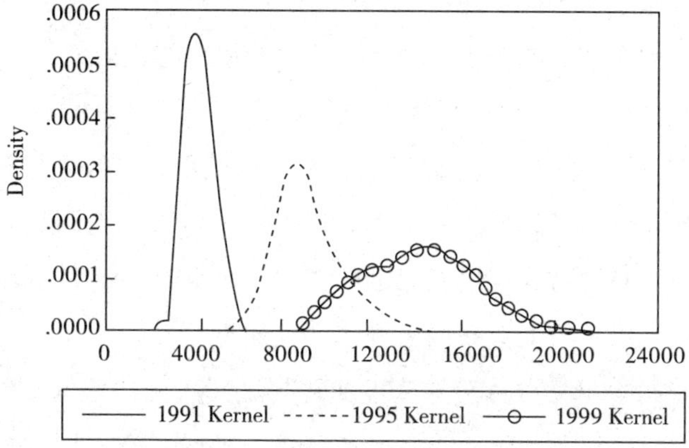

图 2 –8　1991—1999 年城乡居民收入分布

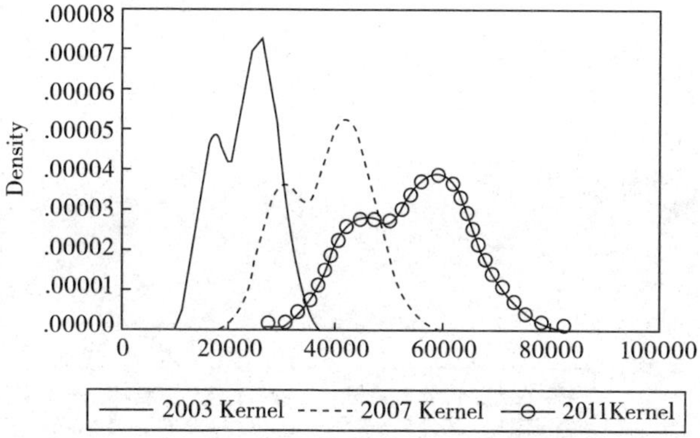

图 2 –9　2003—2011 年城乡居民收入分布

图 2 –7 为主要年份长三角县域城乡居民总体收入分布图，横轴代表城乡居民收入，纵轴代表城乡居民收入的分布密度。在图 2 –7 中，1999 年之后收入分布密度曲线变动较大，2003—2011 年收入分布密度曲线在图形上比较模糊，为了更清晰地分析城乡居民总体收入分布密度函数变动趋势，将图 2 –7 进行拆分，得到图 2 –8（1991—1999 年）与图 2 –9（2003—2011 年），以分别进行各自变动趋势的对比分析。由以上 3 个图可得出长三角城乡居民总体收入分布大致有以下 3 个特征：

（1）由图 2 –7 可知，1991—2011 年，长三角地区城乡居民收入分布密度曲线分布中心不断右移，说明长三角地区城乡居民收入一直保持增长，人民生活有很大的改善。且1999年之后平移幅度加大，说明1999年后长三角地区城乡居民收入增长迅速。

（2）1999年之前（见图2－8），长三角城乡居民收入分布密度曲线为单峰，而2003年之后（见图2－9）均呈双峰分布，不同收入层收入增长速度不同，高收入者收入增长速度明显快于低收入者，高低收入者间的差距逐渐加大，居民收入分布两极分化现象加重。

（3）将城乡居民收入分布密度曲线与城镇居民人均可支配收入分布密度曲线、农村居民人均纯收入密度曲线进行比较，发现城乡居民收入分布的单双峰状态与城镇居民人均可支配收入分布总体趋势更为接近，说明城镇居民人均可支配收入对城乡居民总体收入影响更大。

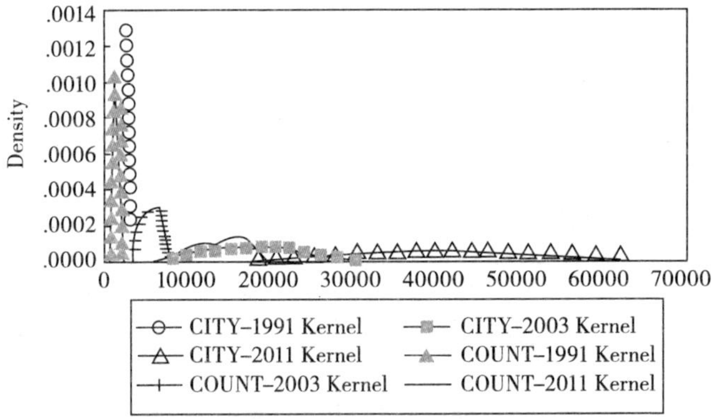

图2－10　城镇与农村居民收入分布对比分析

四、城镇与农村居民收入分布对比分析

经上文分析，结合图2－10可知，长三角地区无论是城镇居民还是农村居民，其人均收入都在逐年增加，二者收入分布密度函数变动趋势大致协同。一是城镇居民人均可支配收入与农村居民人均纯收入分布密度曲线中心均在向右移动，说明城乡居民收入均在逐年增加，生活水平均得到了显著改善；二是由于高低收入者收入增长速度不同，右尾增长速度明显快于左尾增长速度，收入密度曲线在水平轴上的区间扩大，说明城乡居民收

入均在各收入层分散开来，高低收入者之间收入差距均逐年扩大；三是城镇居民人均可支配收入密度曲线的双峰现象逐渐严重化，农村居民人均纯收入密度曲线双峰现象虽然呈周期性波动，但整体上也趋于严重化，说明城乡居民收入的两极分化现象均在加重。

不同之处则在于，一是城镇居民人均可支配收入密度曲线的右尾延伸更广，说明城镇居民高收入者的收入比农村居民高收入者的收入更高；二是城镇居民低收入者比重逐渐减小，收入分布右移，而农村居民低收入者始终占多数，这也表明城镇居民收入增长比农村居民更快；三是城镇居民人均可支配收入密度曲线的峰值移动间隔较农村居民人均纯收入密度曲线的峰值移动间隔更大，说明城镇居民的收入增长速度明显快于农村居民；四是城镇居民人均可支配收入密度曲线区间范围始终大于农村居民人均纯收入密度曲线区间范围，说明城镇居民高低收入差距问题较农村居民更为严重（刘靖等，2009）。

第三节　主要结论

本书运用密度函数核估计法，对长三角 74 个县域单元 1991—2011 年的城镇居民人均可支配收入与农村居民人均纯收入数据进行非参数估计，分析长三角城乡居民收入差距及其演变趋势，得出以下几点结论：

（1）城乡居民收入密度曲线一直向右平移，并且农村居民和城镇居民的收入均在 1999 年后进入高速增长期，但在收入增长期各收入阶层收入增长速度不同，高收入者收入增长幅度大，低收入者收入增长幅度小，高低收入者之间的收入差距逐年扩大，两极分化现象逐年加剧。

（2）城镇居民收入增长速度快，农村居民收入增长速度慢，随着城乡居民收入的增加，城乡居民间收入差距也在扩大。同时，城镇居民内部的高低收入差距明显大于农村居民内部的高低收入差距。

随着国民经济的快速发展，长三角城乡居民收入都得到了持续增长，与此同时，城乡居民之间的收入差距，城镇居民内部、农村居民内部的收入差距均在逐年扩大，两极分化现象愈加严重，已成为阻碍长三角地区经济发展的主要原因之一，亟须制定相应的政策予以解决。

第三章　长三角地区城乡收入两极分化程度及其时空演变特征

城乡居民收入差距日益扩大（李栋等，2014），已经成为统筹城乡发展和推进新型城镇化亟待解决的重要命题。国外部分学者进行了中外对比研究，并尝试从市场作用机制和政治经济学方面进行解释（Carter，1997；Li and Zhao，2002；Wu and Jeffrey，2004；蔡昉、杨涛，2006；孙宁华等，2009），由于国情不同，研究具有一定的局限性。国内学者从经济政策、城乡统筹发展和城乡居民收入时空演变等方面进行了较为深入的探讨（陆铭、陈钊，2004；曾光、罗建兵，2008；刘文，2010；吴建楠等，2010；程宏如、吕立志，2012；宋伟轩等，2013；白彩全等，2014、2015），但研究尺度多为地级市单元，县域尺度下城乡收入两极分化的空间分异与演化研究比较薄弱。长三角地区是我国改革开放的先行先试区，其城乡收入空间分异和演化特征具有典型性和代表性。本章运用城乡收入比和 ER 型指数对 2006—2013 年长三角地区 67 县（区）的城乡收入两极分化进行了实证研究，以期为长三角地区的城乡统筹发展和新型城镇化顺利推进提供科学的决策参考。

第一节　研究方法

一、ER 型指数

收入两极分化，是指一个初始收入分配较为均等的群体日益分裂成两个群体，同时单个群内差距越小、两群体之间差距越大，且分裂后的两个群体规模越相当，则收入两极分化越严重（洪兴建、李金昌，2007）。城乡收入两极分化是指城镇和乡村两个初始收入分配较为均等的群体，由于社会制度和生产方式等因素的影响，日益向“富的”和“穷的”两个对立面分化，中层收入人群逐渐消失，呈现出“杠铃型”的分配格局。

目前国内研究城乡收入两极分化的方法较多，如泰尔系数、基尼系数、W 型系数等，大多借鉴国外已有研究。而由 Esteban 和 Ray 提出的 ER 型指数（Esteban et al.，2006），构建了收入极化的测评体系，以及在创造性地提出认同感和疏远感的基础上，有效地解决了组内成员属性的相似性与相异性的问题（Esteban，1994；陈斐等，2012）。Esteban 等（2006）提出了修正的 ER 型指数，即 EGR 指数，对组内成员平均收入的基尼系数进行处理，以减少因人为分组所造成的误差。此后，该指数成为目前测量区域收入极化程度的首选方法，然而由于统计年鉴所提供的是人均收入的分组频度数据而非人均收入的原始数据，因而无法对其频度数据进行分组，测度组内基尼系数。鉴于此，本书采用 ER 型指数测算长三角 67 县（区）城乡收入极化程度。

ER 型指数构建了两个行为函数（认同函数与疏远函数）的理论框架，认同函数描述了同一组内成员之间属性的相似性，与组内人数量正相关。疏远函数量化了不同组之间成员属性的相异性，即由于不同组成员之间收入水平的差异所引起的抵抗，同组间城乡收入差异水平成正相关（叶磊、欧向军，2012）。Esteban 和 Ray 建立指标，设 p_i 为第 i 组的人口数量占总人口的比，μ_i 表示第 i 组成员的平均收入，则 P_i^{σ} 即认同函数表达式，$|\mu_i - \mu_j|$ 为疏远函数，其值为以当年物价计算的城乡居民人均收入的差的绝对值。将认同函数与疏远函数表达式相乘，并对所有分组求和便得出 ER 型指数表达式：

$$ER = K\sum_{i=1,j=1}^{n} p_i^{1+\sigma} p_j |\mu_i - \mu_j| \quad (3-1)$$

式（3－1）中，K 是常数，用来对人口进行标准化，$K>0$。σ 为极化敏感参数，并在［1，1.6］区间取值，反映组内成员间的同质性。极化程度的严重性同ER数值大小正相关，即ER数值越大，说明城乡收入极化程度越严重；反之，极化程度越不明显。因统计口径的变革，2006年以后的权威统计年鉴上不再有非农业人口这项指标。刘耀彬等（2005）研究发现非农业人口约为市区人口的1.2倍，本书采用此方法得到部分非农业人口数的缺失数据。

在前人的研究中，测度收入差距需要用到齐次性公理，即当收入增减比例相同时，收入差距大小不发生变化，两极分化的测度也应遵循这个公理。因此，ER型指数需要进行处理，令 $K = 1/i$ ，i 为每年人均收入，使区域间的ER型指数具有可比性。借鉴已有研究选取 $\sigma = 1.5$，计算发现，σ 在［1，1.6］区间内取值对所研究对象的极化程度并无太大影响，因此本书不再测度其他 σ 值下研究对象的ER型指数。ER型指数大于零，且其数值越大两极分化程度越严重，由于不同组间收入差距的不确定性，ER型指数并没有确定的取值范围。

二、研究区域与数据来源

本书研究的长三角区域涵盖上海市和苏南浙北15个地市级行政单元，分别是上海、南京、常州、无锡、南通、苏州、镇江、扬州、杭州、泰州、嘉兴、宁波、绍兴、湖州、舟山和台州，涵盖16个市辖区和51个县。鉴于数据的可获得性和完整性，本书选取2006—2013年长三角67县（区）城镇居民人均可支配收入和农村居民人均纯收入数据，数据来源于《中国县（市）社会经济统计年鉴（2007—2014）》《中国城市统计年鉴（2007—2014）》及2007—2014年的各地方统计年鉴。

第二节　城乡收入两极分化时空分异

一、总体分异特征

一个地区的城乡收入极化程度，可以用城乡收入比来进行初步对比分析。所以本书用城乡收入比对长三角67县（区）城乡收入极化情况总体分异特征进行初步研究，然后用ER指数具体分析其时空分异特征。

自2006年以来，长三角67县（区）城乡收入比均徘徊在2.0左右。本书根据全国和国际经验，结合长三角城乡收入实际情况，将城乡收入比分为四类（潘竞虎，2014）：极高城乡收入比、高城乡收入比、中城乡收入比和低城乡收入比，其中，将>2.5定为极高城乡收入比，2.25~2.5定为高城乡收入比，2.0~2.25定为中城乡收入比，将<2.0定为低城乡收入比。根据上述类别，计算出各县域城乡收入比数值，并绘制空间分布表（见表3-1）。

表3-1　2006—2013年长三角67县（区）城乡收入比分布格局

县域	所属地级市	2006	2013
上海市区	上海市	中	高
南京市区	南京市	高	高
无锡市区	无锡市	中	低
江阴市	无锡市	低	低
宜兴市	无锡市	中	低
常州市区	常州市	中	低
金坛市	常州市	中	中
溧阳市	常州市	中	低
苏州市区	苏州市	中	低
张家港市	苏州市	中	低
常熟市	苏州市	中	低
太仓市	苏州市	中	低
昆山市	苏州市	中	低
南通市区	南通市	高	高
海门市	南通市	低	低
启东市	南通市	低	低
海安县	南通市	中	低
如东县	南通市	高	低
如皋县	南通市	高	低
扬州市区	扬州市	中	中

续表

县域	所属地级市	2006	2013
高邮市	扬州市	低	低
仪征市	扬州市	中	低
宝应县	扬州市	低	低
镇江市区	镇江市	中	低
扬中市	镇江市	中	低
丹阳市	镇江市	中	低
句容市	镇江市	高	低
泰州市区	泰州市	中	中
兴化市	泰州市	中	低
泰兴市	泰州市	低	低
靖江市	泰州市	中	低
杭州市区	杭州市	低	中
临安市	杭州市	中	低
富阳市	杭州市	低	低
建德市	杭州市	高	中
桐庐县	杭州市	中	低
淳安县	杭州市	极高	极高
宁波市区	宁波市	中	中
慈溪市	宁波市	高	低
余姚市	宁波市	高	中
奉化市	宁波市	高	中
象山县	宁波市	高	中
宁海县	宁波市	高	中
嘉兴市区	嘉兴市	低	低
平湖市	嘉兴市	中	中
桐乡市	嘉兴市	低	低
海宁市	嘉兴市	中	低
嘉善县	嘉兴市	中	低
海盐县	嘉兴市	中	低
湖州市区	湖州市	中	低
长兴县	湖州市	中	低

续表

县域	所属地级市	2006	2013
安吉县	湖州市	中	中
德清县	湖州市	低	低
绍兴市区	绍兴市	中	低
嵊州市	绍兴市	极高	高
诸暨市	绍兴市	低	中
新昌县	绍兴市	极高	高
舟山市区	舟山市	中	低
岱山县	舟山市	低	低
嵊泗县	舟山市	中	低
台州市区	台州市	高	中
临海市	台州市	极高	中
温岭市	台州市	高	中
天台县	台州市	极高	高
三门县	台州市	极高	高
仙居县	台州市	极高	高
玉环县	台州市	极高	中

由表 3 -1 可发现：①从总体趋势上看，8 年间长三角地区极高城乡收入比的地区急剧减少，由 2006 年的 8 个县域减少到 1 个，减少幅度极大；高城乡收入比地区变化幅度较小，从 13 个县域减少到 8 个；中城乡收入比地区数量减幅也较大，由 2006 年的 33 个县域减少为 2013 年的 17 个县域；低城乡收入比的地区急剧增多，由 2006 年的 13 个县域增加到 2013 年的 41 个县域。②从数量上看，到 2013 年年末，低城乡收入比地区较多，有 41 个，占总数的 61.20%；中城乡收入比地区有 17 个，占总数的 25.37%，高城乡收入比和极高城乡收入比地区所占比例甚小。③从空间分布变化上看，低城乡收入比地区在 2006—2013 年由点状分布扩散为片状分布，最终在 2013 年，以太湖为中心向四周辐射，覆盖长三角大部分地区；中城乡收入比地区大幅度缩减，分布呈由北向南收拢趋势，由 2006 年的长三角绝大多数区域分布，变成仅在南部有所分布，北部中城乡收入比地区由片状变

成点状分布；高城乡收入比地区在长三角北部有缩减趋势，长三角南部县域程度均有所缩小，变成中低城乡收入比地区；极高城乡收入比地区 2006 年集中分布在长三角南部地区，2013 年数量锐减，仅淳安县始终为极高收入比地区。以上空间分布变化说明 2006—2013 年长三角 67 县（区）的城乡居民收入比值有减小的趋势。8 年间，城乡收入比增大的地区只有上海、杭州市区、桐乡市和绍兴市区 4 个地区，并且扩大幅度不大。总体来看，长三角 67 县（区）城乡收入比极化程度呈现出一定的空间规律性：城乡收入比缩小现象呈现出由南向北逐步缩减的趋势，且江苏省的城乡收入比在不断减小，变化较为明显。

如果仅从城乡收入比数据来看，长三角地区 2013 年城乡收入差距较 2006 年有所缩小，说明农村居民人均纯收入的增长率高于城镇居民人均可支配收入增长率，显示收入分配结构有所改善，极化程度正在缩小。然而有学者认为，近几年，农村居民人均纯收入增幅超过城镇，仅能说明收入结构在改善，并不能说明城乡收入差距已经缩小，如中国劳动学会副会长兼薪酬专业委员会会长苏海南认为，在近期并没有重大的农民增收措施颁布的情况下，我国城乡收入差距缩小是难以令人信服的（王羚，2014）。也有学者认为，用城镇人均可支配收入与农村人均纯收入之比度量城乡差距没有反映城乡人口所占比重，因而不能准确度量我国城乡收入差距（王少平、欧阳志刚，2007）。此外，还有学者通过其他指标研究城乡收入差距，得出中国还处在城乡收入差距扩大时期的结论，如王小鲁和樊纲通过验证中国的库兹涅茨曲线是否存在，得出收入差距还有继续上升的明显趋势的结论（王小鲁、樊纲，2005）。所以仅通过城乡收入比得出城乡收入差距缩小的结论过于草率，会导致结论可能不准确甚至与实际相反。我们再结合长三角 67 县（区）城乡收入差距的绝对值来看，差值的绝对值还在不断增大，说明极化程度还在扩大，这恰与城乡收入比的结果相背离，因而不能简单地由城乡收入比缩小作出对城乡收入差距问题过于乐观的判断。由于 ER 指数方法充分考虑了组内相似性和组间相异性，并对数据进行了齐次性处理，较城乡收入比更具有科学性，我们选用 ER 指数对长三角城乡收入差距作进一步研究分析。

二、两极分化测度结果及极化程度分类

运用ER型指数可以更深层次地分析长三角67县（区）的城乡收入两极分化，结果显示（见表3-2），2006—2013年，长三角地区城乡收入两极分化整体程度越来越严重，而区域内部县域间却有所不同。2006年67县（区）总体ER指数为0.035，2013年为0.088。从省域层面分析，2006年江苏省26个县域总体两极分化ER数值为0.036，2013年变为0.088；浙江省2006年38个县域总体ER数值为0.032，2013年变成0.085；上海市2006年ER指数为0.126，2013年为0.221。虽然变化程度各有不同，但都呈较大幅度上升的趋势。

从县域层面分析，各县域极化程度差异也较大。如2006年城乡居民收入两极分化最高的是浙江省台州市区，为0.157，最低的是浙江省仙居县，为0.003，二者之差为0.154。2013年两极分化程度最高的是江苏省南京市区，为0.319，最低的是江苏省扬州市宝应县，为0.001，二者之差为0.318。

出于考察极化程度的目的，本书以2006年ER型指数结果为参照基准，根据2006—2013年各县域的ER型指数，将长三角67县（区）ER指数划分为四类：城乡极化程度不显著地区（Ⅳ），ER<0.01；城乡极化程度一般化地区（Ⅲ），0.01≤ER<0.04；城乡极化程度较严重地区（Ⅱ），0.04≤ER<0.07；城乡极化程度严重地区（Ⅰ），ER≥0.07。2006—2013年各县域城乡收入两极分化程度分类如表3-2所示。

表3-2　67县（区）2006—2013年ER型指数数值及变化情况

县域	2006年极化程度		2013年极化程度		2006—2013年极化程度变化	
	ER	类型	ER	类型	ER增加值	综合变化
上海市区	0.126	Ⅰ	0.221	Ⅰ	0.095	Ⅰ→Ⅰ-A
南京市区	0.112	Ⅰ	0.319	Ⅰ	0.207	Ⅰ→Ⅰ-A
无锡市区	0.114	Ⅰ	0.092	Ⅰ	-0.022	Ⅰ→Ⅰ-C
江阴市	0.026	Ⅲ	0.028	Ⅲ	0.002	Ⅲ→Ⅲ-B
宜兴市	0.022	Ⅲ	0.045	Ⅱ	0.023	Ⅲ→Ⅱ-B

续表

县域	2006 年极化程度		2013 年极化程度		2006—2013 年极化程度变化	
	ER	类型	ER	类型	ER 增加值	综合变化
常州市区	0.055	Ⅱ	0.255	Ⅰ	0.200	Ⅱ→Ⅰ-A
溧阳市	0.021	Ⅲ	0.181	Ⅰ	0.160	Ⅲ→Ⅰ-A
金坛区	0.036	Ⅲ	0.203	Ⅰ	0.167	Ⅲ→Ⅰ-A
苏州市区	0.067	Ⅱ	0.258	Ⅰ	0.191	Ⅱ→Ⅰ-A
常熟市	0.019	Ⅲ	0.072	Ⅰ	0.053	Ⅲ→Ⅰ-A
张家港市	0.053	Ⅱ	0.100	Ⅰ	0.047	Ⅱ→Ⅰ-B
昆山市	0.072	Ⅰ	0.113	Ⅰ	0.041	Ⅰ→Ⅰ-B
太仓市	0.078	Ⅰ	0.092	Ⅰ	0.013	Ⅰ→Ⅰ-B
南通市区	0.093	Ⅰ	0.245	Ⅰ	0.152	Ⅰ→Ⅰ-A
海安县	0.011	Ⅲ	0.059	Ⅱ	0.048	Ⅲ→Ⅱ-B
如东县	0.007	Ⅳ	0.005	Ⅳ	-0.002	Ⅳ→Ⅳ-C
启东市	0.006	Ⅳ	0.013	Ⅲ	0.008	Ⅳ→Ⅲ-B
如皋市	0.006	Ⅳ	0.062	Ⅱ	0.056	Ⅳ→Ⅱ-A
海门市	0.009	Ⅳ	0.036	Ⅲ	0.026	Ⅳ→Ⅲ-B
扬州市区	0.091	Ⅰ	0.208	Ⅰ	0.118	Ⅰ→Ⅰ-A
宝应县	0.011	Ⅲ	0.001	Ⅳ	-0.009	Ⅲ→Ⅳ-C
仪征市	0.021	Ⅲ	0.016	Ⅲ	-0.005	Ⅲ→Ⅲ-C
高邮市	0.012	Ⅲ	0.002	Ⅳ	-0.009	Ⅲ→Ⅳ-C
镇江市区	0.087	Ⅰ	0.191	Ⅰ	0.103	Ⅰ→Ⅰ-A
丹阳市	0.006	Ⅳ	0.003	Ⅳ	-0.003	Ⅳ→Ⅳ-C
扬中市	0.008	Ⅳ	0.002	Ⅳ	-0.005	Ⅳ→Ⅳ-C
句容市	0.012	Ⅲ	0.011	Ⅲ	-0.001	Ⅲ→Ⅲ-C
泰州市区	0.014	Ⅲ	0.062	Ⅱ	0.047	Ⅲ→Ⅱ-B
兴化市	0.009	Ⅳ	0.007	Ⅳ	-0.002	Ⅳ→Ⅳ-C
靖江市	0.015	Ⅲ	0.020	Ⅲ	0.005	Ⅲ→Ⅲ-B
泰兴市	0.006	Ⅳ	0.002	Ⅳ	-0.004	Ⅳ→Ⅳ-C
杭州市区	0.113	Ⅰ	0.310	Ⅰ	0.196	Ⅰ→Ⅰ-A
富阳区	0.009	Ⅳ	0.034	Ⅲ	0.025	Ⅳ→Ⅲ-B
临安区	0.014	Ⅲ	0.031	Ⅲ	0.016	Ⅲ→Ⅲ-B
建德市	0.024	Ⅲ	0.048	Ⅱ	0.025	Ⅲ→Ⅱ-B

续表

县域	2006 年极化程度		2013 年极化程度		2006—2013 年极化程度变化	
	ER	类型	ER	类型	ER 增加值	综合变化
桐庐县	0.027	Ⅲ	0.072	Ⅰ	0.045	Ⅲ→Ⅰ-B
淳安县	0.009	Ⅳ	0.021	Ⅲ	0.012	Ⅳ→Ⅲ-B
宁波市区	0.122	Ⅰ	0.253	Ⅰ	0.130	Ⅰ→Ⅰ-A
余姚市	0.020	Ⅲ	0.046	Ⅱ	0.025	Ⅲ→Ⅱ-B
慈溪市	0.012	Ⅲ	0.026	Ⅲ	0.013	Ⅲ→Ⅲ-B
奉化区	0.020	Ⅲ	0.043	Ⅱ	0.022	Ⅲ→Ⅱ-B
象山县	0.016	Ⅲ	0.041	Ⅱ	0.025	Ⅲ→Ⅱ-B
宁海县	0.008	Ⅳ	0.022	Ⅲ	0.014	Ⅳ→Ⅲ-B
嘉兴市区	0.071	Ⅰ	0.180	Ⅰ	0.108	Ⅰ→Ⅰ-A
平湖市	0.020	Ⅲ	0.200	Ⅰ	0.180	Ⅲ→Ⅰ-A
海宁市	0.013	Ⅲ	0.105	Ⅰ	0.092	Ⅲ→Ⅰ-A
桐乡市	0.018	Ⅲ	0.131	Ⅰ	0.113	Ⅲ→Ⅰ-A
嘉善县	0.003	Ⅳ	0.181	Ⅰ	0.178	Ⅳ→Ⅰ-A
海盐县	0.010	Ⅲ	0.252	Ⅰ	0.241	Ⅲ→Ⅰ-A
湖州市区	0.058	Ⅱ	0.137	Ⅰ	0.080	Ⅱ→Ⅰ-A
德清县	0.012	Ⅲ	0.092	Ⅰ	0.080	Ⅲ→Ⅰ-A
长兴县	0.011	Ⅲ	0.051	Ⅱ	0.040	Ⅲ→Ⅱ-B
安吉县	0.007	Ⅳ	0.064	Ⅱ	0.057	Ⅳ→Ⅱ-A
绍兴市区	0.122	Ⅰ	0.226	Ⅰ	0.104	Ⅰ→Ⅰ-A
诸暨市	0.008	Ⅳ	0.019	Ⅲ	0.011	Ⅳ→Ⅲ-B
嵊州市	0.012	Ⅲ	0.073	Ⅰ	0.060	Ⅲ→Ⅰ-A
新昌县	0.026	Ⅲ	0.046	Ⅱ	0.021	Ⅲ→Ⅱ-B
舟山市区	0.0555	Ⅱ	0.124	Ⅰ	0.124	Ⅱ→Ⅰ-A
岱山县	0.023	Ⅲ	0.036	Ⅲ	0.013	Ⅲ→Ⅲ-B
嵊泗县	0.051	Ⅱ	0.109	Ⅰ	0.058	Ⅱ→Ⅰ-A
台州市区	0.157	Ⅰ	0.035	Ⅲ	-0.122	Ⅰ→Ⅲ-C
温岭市	0.012	Ⅲ	0.022	Ⅲ	0.010	Ⅲ→Ⅲ-B
临海市	0.006	Ⅳ	0.011	Ⅲ	0.005	Ⅳ→Ⅲ-B
玉环市	0.128	Ⅰ	0.219	Ⅰ	0.091	Ⅰ→Ⅰ-A
三门县	0.003	Ⅳ	0.006	Ⅳ	0.003	Ⅳ→Ⅳ-B

续表

县域	2006 年极化程度		2013 年极化程度		2006—2013 年极化程度变化	
	ER	类型	ER	类型	ER 增加值	综合变化
天台县	0.010	Ⅲ	0.025	Ⅲ	0.015	Ⅲ→Ⅲ - B
仙居县	0.003	Ⅳ	0.005	Ⅳ	0.003	Ⅳ→Ⅳ - B

第三节　城乡收入两极分化程度的时空演进

一、两极分化程度演变的综合分析

根据表 3 -2，计算出极化程度不同的地区各自占比情况并分类，如表 3 -3所示，可以发现 2006—2013 年，绝大部分地区的两极分化程度越发严重。2006 年极化程度为一般或不显著的地区占了多数。而 2013 年极化程度均明显加深，极化较严重和严重地区所占比例较大，且极化严重地区所占比例快达到 2006 年的 2 倍。

表 3 -3　各县域城乡收入极化程度类型占比情况

地区极化类型	2006		2013	
	县域数量	所占比例（%）	县域数量	所占比例（%）
严重地区Ⅰ	15	22.39	29	43.28
较严重地区Ⅱ	6	8.96	10	14.93
一般化地区Ⅲ	30	44.78	18	26.87
不显著地区Ⅳ	16	23.88	10	14.93

对数据分析可知，2006 年长三角 67 县（区）ER 数值为 0.035，2013 年上升为 0.088，增加了 0.0518，以该增加值为基准，设为 D_0 ，某地区 ER 型指数增加值设为 D_1 。据此，可将变化程度分为三类：第一类是加速上升的地区（A），即 $D_1 > D_0$ ；第二类是一般上升的地区（B），即 $0 < D_1 < D_0$ ；第三类是适度减弱的地区（C），即 $D_1 < 0$ 。长三角 67 县（区）2006—2013 年极化程度变化分类结果如表 3 -4 所示。

表3－4　67县（区）城乡收入两极分化程度变化分类

极化程度变化情况	县域数量/个	所占比例（%）
极化程度加速上升地区A	27	40.30
极化程度一般化上升地区B	29	43.28
极化程度适度减弱地区C	11	16.42

二、极化程度各类型区的具体变化

根据表3－2中的数据，我们将2006年67县（区）城乡收入极化程度（ER型指数）看作起点项，将2013年看作终点项，→符号表示从起点项至终点项的变化过程。

（1）起始项为Ⅰ

起始项为Ⅰ，表示该地区在2006年时城乡收入两极分化程度严重。该部分在2006年有14个，其中江苏省7个，浙江省6个以及上海市区。由表3－2可知，以上地区极化程度多为加速上升或一般化上升类型。进一步可发现其中有10个地区呈现出加速上升趋势，有2个地区表现为一般化上升，呈适度减弱趋势的只有无锡市区和台州市区。

（2）起始项为Ⅱ

起始项为Ⅱ表示该地区在2006年城乡收入两极分化程度较严重。该部分共有6个县域，其变化类型均为Ⅱ→Ⅰ，其中，绝大多数县域的极化程度呈加速上升趋势，多集中在环太湖区域，仅张家港市增长较慢。

（3）起始项为Ⅲ

起始项为Ⅲ表示该地区2006年城乡收入两极分化为程度为一般化。该部分共有30个县域。变化类型为Ⅲ→Ⅰ的县域有10个，极化程度呈加速上升趋势，多分布在江苏东南和南部地区。有7个县域变化类型为Ⅲ→Ⅱ，均呈现出一般化上升趋势，分布较为分散。变化类型为Ⅲ→Ⅲ的县域有10个，仍属于极化程度一般化地区，其中江苏省有4个，浙江省6个。在这10个县域中，有8个地区呈现出一般化上升趋势，多分布在江苏省东南、环太湖及浙北地区，2个呈现出适度减弱趋势，多在江苏省西南部地区。变化类型为Ⅲ→Ⅳ的地区有3个，极化程度均呈现出适度减弱的趋势。综合来看，2006—2013 年，这 30 个地区中接近一半的地区呈现出一般化上升趋势，多分布在长三角北部、西南地区和中部少数区域，小部分呈现出加速上升趋势，多集中在环太湖地区。

（4）起始项为Ⅳ

起始项为Ⅳ表示该地区 2006 年城乡收入两极分化程度不显著。该部分共有 17 个县域，主要集中在长三角南部和北部地区。变化类型为Ⅳ→Ⅰ的是嘉善县，极化程度呈现出加速上升趋势。变化类型为Ⅳ→Ⅱ的是如皋市和安吉县，均呈现出加速上升趋势。变化类型为Ⅳ→Ⅲ的县域有 7 个，多分布在省域边界，均呈现出一般化上升趋势。有 7 个县域变化类型为Ⅳ→Ⅳ，主要分散分布在长三角北部和南部地区，其中如东县、丹阳市、扬中市、兴化市、泰兴市的极化程度呈现出适度减弱趋势，三门县、仙居县呈现出一般化上升趋势。总体来看，对于起始项为Ⅳ的县域，大部分地区两极分化程度有所加深，多分布在长三角南部地区，只有少数出现适度减弱的趋势，且分布较为分散。

三、两极分化程度的空间特征变化分析

据统计可得出 2006—2013 年各县域所属极化程度类型区情况，如表 3 - 5所示。可以看出，长三角 67 县（区）2006—2013 年极化程度各类型区在空间分布上产生了较为明显的改变。2006 年属于极化程度严重地区的县域数量较少，主要分布在苏南除常州、泰州的六大市区和浙江省六大市区；而 2013 年极化程度严重地区的县域急剧增多，分布情况也出现了明显的变化，主要分布在环太湖区域、南京市域等地。极化程度一般化地区的县域数量有较大缩减，空间分布情况变化较大。2006 年该类型区集中在环太湖区域和舟山市区；2013 年该类型区则主要转移到江苏泰州市域、浙江绍兴、湖州市域内。而极化程度不显著地区的数量有所减少，2006 年时主要集中在江苏省中南、东南地区和浙江省西北、东北地区，2013 年则主要集中在江苏省内，在浙江省内分布变化不大。

在表 3 - 2“综合变化”一列中，到达项后面的 A、B、C 分别表示该地区是属于极化程度加速上升地区、一般化上升地区或适度减弱地区。根

据表 3 -3 数据绘制出表 3 -6，进一步说明了 2006—2013 年长三角地区城乡收入极化程度变化的空间分布特征。从表 3 -6 中可以看出：①2006—2013 年长三角较多数县域城乡收入极化程度加速上升。南京市从 2006 年开始 ER 型指数偏高，2013 年极化程度继续加重。浙江和江苏两省各有分布，但主要集中在环太湖区域和两省地级市区域内。极化程度一般化上升的地区分布较为集中，主要分布在江苏东南、环太湖区域和浙江西北等地，其中在浙江省域内分布多集中在杭州、宁波和台州市域内。极化程度适度减弱的地区主要集中于长三角北部的江苏省内，此外，浙江省的台州市区也属于该类型。②长三角地区内各省市极化程度不同类型区的分布存在明显的差异，2006 年不同类型区错落分布，较为零散，但 2013 年同一类型区多呈片状分布。极化程度呈加速上升趋势的市域在江苏省常州、浙江嘉兴、绍兴市域内，其他有若干县域零散分布。从省域角度来看，江苏省域内部分地区极化程度加速上升而部分地区适度减弱，极化现象明显；而浙江省整体极化程度要比江苏省弱，多为一般化上升趋势，总体城乡发展较为均衡。

表 3 -5　2006 年和 2013 年长三角 67 县（区）极化程度对比

县域	所属地级市	2006	2013
上海市区	上海市	严重地区	严重地区
南京市区	南京市	严重地区	严重地区
无锡市区	无锡市	严重地区	严重地区
江阴市	无锡市	一般化地区	一般化地区
宜兴市	无锡市	一般化地区	一般化地区
常州市区	常州市	较严重地区	严重地区
金坛市	常州市	一般化地区	严重地区
溧阳市	常州市	一般化地区	严重地区
苏州市区	苏州市	较严重地区	严重地区
张家港市	苏州市	较严重地区	严重地区
常熟市	苏州市	一般化地区	严重地区
太仓市	苏州市	严重地区	严重地区

续表

县域	所属地级市	2006	2013
昆山市	苏州市	严重地区	严重地区
南通市区	南通市	严重地区	严重地区
海门市	南通市	不显著地区	一般化地区
启东市	南通市	不显著地区	一般化地区
海安县	南通市	一般化地区	较严重地区
如东县	南通市	不显著地区	不显著地区
如皋市	南通市	不显著地区	较严重地区
扬州市区	扬州市	严重地区	严重地区
高邮市	扬州市	一般化地区	不显著地区
仪征市	扬州市	一般化地区	一般化地区
宝应县	扬州市	一般化地区	不显著地区
镇江市区	镇江市	严重地区	严重地区
扬中市	镇江市	不显著地区	不显著地区
丹阳市	镇江市	不显著地区	不显著地区
句容市	镇江市	一般化地区	一般化地区
泰州市区	泰州市	一般化地区	较严重地区
兴化市	泰州市	不显著地区	不显著地区
泰兴市	泰州市	不显著地区	不显著地区
靖江市	泰州市	一般化地区	一般化地区
杭州市区	杭州市	严重地区	严重地区
临安区	杭州市	一般化地区	一般化地区
富阳区	杭州市	不显著地区	一般化地区
建德市	杭州市	一般化地区	较严重地区
桐庐县	杭州市	一般化地区	严重地区
淳安县	杭州市	不显著地区	一般化地区
宁波市区	宁波市	严重地区	严重地区
慈溪市	宁波市	一般化地区	一般化地区
余姚市	宁波市	一般化地区	较严重地区
奉化区	宁波市	一般化地区	较严重地区
象山县	宁波市	一般化地区	较严重地区
宁海县	宁波市	不显著地区	一般化地区

续表

县域	所属地级市	2006	2013
嘉兴市区	嘉兴市	严重地区	严重地区
平湖市	嘉兴市	一般化地区	严重地区
桐乡市	嘉兴市	一般化地区	严重地区
海宁市	嘉兴市	一般化地区	严重地区
嘉善县	嘉兴市	不显著地区	严重地区
海盐县	嘉兴市	一般化地区	严重地区
湖州市区	湖州市	较严重地区	严重地区
长兴县	湖州市	一般化地区	较严重地区
安吉县	湖州市	严重地区	较严重地区
德清县	湖州市	一般化地区	严重地区
绍兴市区	绍兴市	严重地区	较严重地区
嵊州市	绍兴市	一般化地区	严重地区
诸暨市	绍兴市	不显著地区	一般化地区
新昌县	绍兴市	一般化地区	不显著地区
舟山市区	舟山市	较严重地区	严重地区
岱山县	舟山市	一般化地区	一般化地区
嵊泗县	舟山市	较严重地区	严重地区
台州市区	台州市	严重地区	一般化地区
临海市	台州市	不显著地区	一般化地区
温岭市	台州市	一般化地区	一般化地区
天台县	台州市	一般化地区	一般化地区
三门县	台州市	不显著地区	不显著地区
仙居县	台州市	不显著地区	不显著地区
玉环市	台州市	严重地区	严重地区

表 3-6　2006—2013 年长三角地区极化程度变化类型的空间分布

县域	所属地级市	极化程度变化类型
上海市区	上海市	极化程度加速上升地区
南京市区	南京市	极化程度加速上升地区
无锡市区	无锡市	极化程度适度减弱地区
江阴市	无锡市	极化程度一般化上升地区

续表

县域	所属地级市	极化程度变化类型
宜兴市	无锡市	极化程度一般化上升地区
常州市区	常州市	极化程度加速上升地区
金坛市	常州市	极化程度加速上升地区
溧阳市	常州市	极化程度加速上升地区
苏州市区	苏州市	极化程度加速上升地区
张家港市	苏州市	极化程度一般化上升地区
常熟市	苏州市	极化程度加速上升地区
太仓市	苏州市	极化程度一般化上升地区
昆山市	苏州市	极化程度一般化上升地区
南通市区	南通市	极化程度加速上升地区
海门市	南通市	极化程度一般化上升地区
启东市	南通市	极化程度一般化上升地区
海安县	南通市	极化程度一般化上升地区
如东县	南通市	极化程度适度减弱地区
如皋县	南通市	极化程度加速上升地区
扬州市区	扬州市	极化程度加速上升地区
高邮市	扬州市	极化程度适度减弱地区
仪征市	扬州市	极化程度适度减弱地区
宝应县	扬州市	极化程度适度减弱地区
镇江市区	镇江市	极化程度加速上升地区
扬中市	镇江市	极化程度适度减弱地区
丹阳市	镇江市	极化程度适度减弱地区
句容市	镇江市	极化程度适度减弱地区
泰州市区	泰州市	极化程度一般化上升地区
兴化市	泰州市	极化程度适度减弱地区
泰兴市	泰州市	极化程度适度减弱地区
靖江市	泰州市	极化程度一般化上升地区
杭州市区	杭州市	极化程度加速上升地区
临安区	杭州市	极化程度一般化上升地区
富阳区	杭州市	极化程度一般化上升地区
建德市	杭州市	极化程度一般化上升地区

续表

县域	所属地级市	极化程度变化类型
桐庐县	杭州市	极化程度一般化上升地区
淳安县	杭州市	极化程度一般化上升地区
宁波市区	宁波市	极化程度加速上升地区
慈溪市	宁波市	极化程度一般化上升地区
余姚市	宁波市	极化程度一般化上升地区
奉化市	宁波市	极化程度一般化上升地区
象山县	宁波市	极化程度一般化上升地区
宁海县	宁波市	极化程度一般化上升地区
嘉兴市区	嘉兴市	极化程度加速上升地区
平湖市	嘉兴市	极化程度加速上升地区
桐乡市	嘉兴市	极化程度加速上升地区
海宁市	嘉兴市	极化程度加速上升地区
嘉善县	嘉兴市	极化程度加速上升地区
海盐县	嘉兴市	极化程度加速上升地区
湖州市区	湖州市	极化程度加速上升地区
长兴县	湖州市	极化程度一般化上升地区
安吉县	湖州市	极化程度加速上升地区
德清县	湖州市	极化程度加速上升地区
绍兴市区	绍兴市	极化程度加速上升地区
嵊州市	绍兴市	极化程度加速上升地区
诸暨市	绍兴市	极化程度一般化上升地区
新昌县	绍兴市	极化程度一般化上升地区
舟山市区	舟山市	极化程度加速上升地区
岱山县	舟山市	极化程度一般化上升地区
嵊泗县	舟山市	极化程度加速上升地区
台州市区	台州市	极化程度适度减弱地区
临海市	台州市	极化程度一般化上升地区
温岭市	台州市	极化程度一般化上升地区
天台县	台州市	极化程度一般化上升地区
三门县	台州市	极化程度一般化上升地区
仙居县	台州市	极化程度一般化上升地区

续表

县域	所属地级市	极化程度变化类型
玉环市	台州市	极化程度加速上升地区

第四节 结论与讨论

本书将2006—2013年长三角67县（区）ER指数的变化情况分为四类，即极化程度严重、较严重、一般化和不显著地区，综合分析其城乡收入两极分化程度的地区分异和时空演变特征，研究结果表明：①如果仅从城乡收入比数据来看，长三角地区2013年城乡收入较2006年有所缩小，但用城乡收入比来衡量城乡收入差距的变化还有待考究，原因有三个：一是用城镇人均可支配收入与农村人均纯收入之比度量城乡收入差距没有反映城乡人口所占比重，因而不能准确度量我国城乡收入差距；二是不能排除因农村居民人均纯收入增长率高于城镇居民人均可支配收入增长率致使城乡收入比短暂性减小，所以这仅能显示收入分配结构短期有所改善，用于说明城乡收入差距减小难以令人信服；三是结合长三角67县（区）城乡收入差距的绝对值来看，差值的绝对值还在不断增大，也说明用城乡收入比来衡量城乡收入差距的准确性还有待提高，因而不能简单地由此作出对收入差距问题过于乐观的判断。②ER指数结果显示：2006—2013年，长三角地区ER型指数整体呈上涨趋势，仅江苏省的10个县域和浙江省的1个县域呈现出减缓趋势。以太湖为中心，可以看出环太湖区域绝大部分都为极化加速上升地区，越外围，极化程度便越有所减弱。极化程度减缓地区主要分布在长三角区域北部和南部台州市区。极化程度一般化上升地区呈间断的环状分布，在浙江省域内多以片状分布呈现，集中在长三角南部地区。可以看出越是属于长三角中心地带，其城乡收入极化程度越有加重的趋势。③城乡收入极化程度各类型区的空间分布情况发生了明显变化，极化程度在不同类型区的分布存在明显差异：极化程度加速上升的地区分布在南京市区和上海市区连线的周边地区，呈“之”字形分布，多以片状呈现；极化程度一般化上升地区在苏东南多呈点状分布，但在浙北地区分布较为集中，除杭州、宁波两市市区外，各县域均呈极化程度一般化上升趋势。极化程度适度减弱地区集中分布在环扬州区域及其在浙北内的零散分布。④省域间城乡收入极化程度差异也较为明显：浙江省内的县域城乡收入极化程度多呈上升趋势，江苏省县域城乡收入极化程度在县域间差距较大，极化程度上升与减缓的县域数量较为均衡，其中，扬州市域的减缓趋势最为明显。此外，上海市极化程度较为严重，呈加速上升趋势。

本书存在如下不足：①统计年鉴所提供的是人均收入的分组数据而非人均收入的原始数据，因此无法使用原本更有效的 EGR 函数进行城乡收入两极分化的测算；②本书仅对长三角 67 县（区）城乡收入两极分化程度的时空演变进行研究，对其影响因素和机制分析不足，也未提出很具说服力的政策建议。分析将长三角地区城乡收入两极分化程度时空演变特征，深入剖析演变机理，是今后研究的努力方向。

第四章　长三角地区城乡耦合协调发展差异性研究

城市和乡村是一个相互依存、密不可分的地域系统，研究和度量二者之间的协调程度是促进城乡共同发展的基础。国内学者对于城乡协调发展的目标、动力机制、发展模式、城乡协调发展的影响因素、城乡协调发展测度和城乡协调发展政策等做了大量研究（周一星、曹广忠，1999；陆铭、陈钊，2004；范海燕、李洪山，2005；路永忠、陈波翀，2005；王洪亮、徐翔，2006；张建华、洪银兴，2007；陈甬军、景普秋，2008；陈明星等，2009；何秀丽等，2010；刘凤莲、林爱文，2012；张竟竟、郭志富，2013），理论和实证研究证明，良好的城乡协调关系有利于城市化的稳步推进和乡村可持续发展。然而这些研究没有形成较为完整的城乡协调发展研究体系，较少有在实践层面的可操作意义。物理学容量耦合概念为研究城乡关系提供了新视角，许多学者通过耦合来描述城乡系统的互动关系和动态演进态势。张振杰等（2007）、杨山和陈升（2009）主要集中于城乡耦合地域系统，即城乡过渡地域的耦合研究；周蕾等（2011）主要集中于城乡系统耦合研究，测度城乡系统耦合程度，并分析耦合度变化原因及规律。城乡系统之间相互交融和交互叠加发生耦合促使区域不断发展变化，而城乡系统能否保持平衡和协调主要取决于二者演化速度是否同步（夏安桃等，2003）。耦合的引入给学界分析城乡系统互动关系带来了新的范式和更具现实意义的操作可能，也为深入认识城乡系统之间相互依赖、相互协调、相互促进的动态演化过程提供了保障。

中国城乡发展面临着区域发展失衡的严峻问题，长三角地区作为中国经济最具有活力和一体化程度最高的区域之一，区域内部城乡耦合程度仍然存在一定的差异。近年来，学者们主要从城乡收入差距、城乡二元经济结构、统筹城乡发展策略、城乡一体化测度和“城市反哺农村”的路径等角度分别对长三角城乡关系进行了研究（洪银兴，2007；曹明霞、包宗顺，2010；刘文、房光婷，2010；焦必方等，2011；张锋，2012；邓立丽，2013；宋伟轩等，2013；白彩全等，2015），但通过耦合测度来研究城乡系统动态演化过程和协调状态的实证分析并不多见。鉴于此，本书以长江三角洲地区 16 个城市为例，构建城乡系统耦合协调度模型（白彩全等，2014），在选取耦合测度指标体系的基础上，对 2003—2011 年长江三角洲的城乡系统耦合协调度进行测度，深入分析长江三角洲地区城乡系统之间相互依赖、相互协调、相互促进的动态演化过程。

第一节　城乡耦合协调度模型

一、功效函数

功效函数法，又叫功效系数法，是根据多目标规划原理，对每一项评价指数确定一个满意值和不允许值，以满意值为上限，以不允许值为下限。计算各指标实现满意值的程度，并以此确定各指标的分数，再经过加权平均进行综合，从而评价被研究对象的综合状况。

设 U_1 为城市发展子系统序参量，U_2 为农村发展子系统序参量，$x_{ij}(i=1,2,\cdots,n;j=1,2,\cdots,m)$ 为城市发展子系统及农村发展子系统的评价指标。采用极差标准化对各项指标作标准化处理，具体的函数形式如下：

$$u_{ij}=\begin{cases}0.9\dfrac{x_{ij}-\min x_{ij}}{\max x_{ij}-\min x_{ij}}+0.1 & u_{ij}\text{ 具有正功效}\\[2ex] 0.9\dfrac{\max x_{ij}-x_{ij}}{\max x_{ij}-\min x_{ij}}+0.1 & u_{ij}\text{ 具有逆功效}\end{cases} \tag{4-1}$$

因此，定义子系统各个观测指标，通过权重计算得到总的发展外在功效 $U_{ij}=\sum_{j=1}^{m}w_{ij}u_{ij}$。其中，$w_{ij}$为系统中各评价指标的权重，满足 $\sum_{j=1}^{m}w_{ij}=1$。

二、耦合度模型

耦合度被用来衡量系统内部各子系统在发展过程中彼此和谐一致的程度。本研究对耦合度的衡量借鉴了物理学的容量耦合概念，根据耦合概念及耦合系数模型，得到 n 维系统相互作用耦合度模型，即：

$$C_n=n\left[(U_1\times U_2\times\cdots\times U_n)/\prod(U_i+U_j)\right]^{\frac{1}{n}} \quad (4-2)$$

式（4－2）中，$C_n\in(0,1)$，当 $C_n=1$ 时，耦合度最大，系统之间或系统内部要素之间达到了高度的共振耦合，整个系统实现结构良性有序；当 $C_n=0$ 时，耦合度极小，系统之间处于无序状态，整个系统呈无序发展。

此次研究对象仅为城市发展和农村发展两个子系统，即 $n=2$，因此，可以得到适用于城乡协调发展的二维耦合度函数：

$$C_2=2\sqrt{\frac{U_1U_2}{(U_1+U_2)(U_2+U_1)}} \quad (4-3)$$

三、耦合协调度模型

耦合度模型仅分别对城市子系统和农村子系统协调度进行评价，但为了得到城乡协调发展的整体“协同效应”，必须构造长三角城乡协调系数模型，全面衡量城市发展子系统和农村发展子系统之间的协调程度。利用 C 和 U 构造耦合协调度函数如下：

$$\begin{cases}D=\sqrt{C\times T}\\T=\alpha U_1+\beta U_2\end{cases} \quad (4-4)$$

式（4－4）中，D 为耦合协调系数；T 为长三角城市与农村协调发展综合评价指数，反映城乡的综合发展水平即整体协调效应；α，β 为长三角城市发展子系统和农村发展子系统的权重。分别取 $\alpha=\beta=0.5$，表示城镇发展和农村发展同等重要。根据耦合协调系数 D，U_1 和 U_2 之间的关系，识别长三角城乡耦合协调发展评判标准与基本类型（见表4－1）。

表 4-1 长三角城乡协调发展分类体系及评判标准

协调度 D	协调类别	U_1、U_2 对比关系	综合评价类型
		$U_1/U_2>1$	乡村发展滞后型（A）
0.80~1.00	良好协调发展（Ⅰ）	$0.7<U_1/U_2\leq 1$	城乡同步发展型（B）
		$0<U_1/U_2\leq 0.7$	乡村发展超前型（C）
		$U_1/U_2>1$	乡村发展滞后型（A）
0.70~0.79	中度协调发展（Ⅱ）	$0.7<U_1/U_2\leq 1$	城乡同步发展型（B）
		$0<U_1/U_2\leq 0.7$	乡村发展超前型（C）
		$U_1/U_2>1$	乡村发展滞后型（A）
0.60~0.69	初级协调发展（Ⅲ）	$0.7<U_1/U_2\leq 1$	城乡同步发展型（B）
		$0<U_1/U_2\leq 0.7$	乡村发展超前型（C）
		$U_1/U_2>1$	乡村发展滞后型（A）
0.50~0.59	勉强协调发展（Ⅳ）	$0.7<U_1/U_2\leq 1$	城乡同步发展型（B）
		$0<U_1/U_2\leq 0.7$	乡村发展超前型（C）
		$U_1/U_2>1$	乡村发展滞后型（A）
0.40~0.49	轻度失调发展（Ⅴ）	$0.7<U_1/U_2\leq 1$	城乡同步发展型（B）
		$0<U_1/U_2\leq 0.7$	乡村发展超前型（C）
		$U_1/U_2>1$	乡村发展滞后型（A）
0.30~0.39	中度失调发展（Ⅵ）	$0.7<U_1/U_2\leq 1$	城乡同步发展型（B）
		$0<U_1/U_2\leq 0.7$	乡村发展超前型（C）
		$U_1/U_2>1$	乡村发展滞后型（A）
0.00~0.29	严重失调发展（Ⅶ）	$0.7<U_1/U_2\leq 1$	城乡同步发展型（B）
		$0<U_1/U_2\leq 0.7$	乡村发展超前型（C）

第二节 城乡发展协调性评价

一、权重的计算

熵权法是一种客观赋权的方法，它根据各指标的变异程度，利用信息熵算出各指标的熵权，再通过熵权对各指标进行修正，从而得出较为客观的指标权重。根据熵权法原理，信息熵 e_j 越小，说明某指标的指标值变异程度越大，该指标提供的信息量也就越大，从而权重越大。其过程如下：

（1）第 i 个子系统的第 j 项指标发生的概率 $p_{ij}=u_{ij}/\sum_{j=1}^{m}u_{ij}$；

（2）第 j 项指标的熵值 $e_j=-k\sum_{j=1}^{m}(p_{ij}\ln p_{ij})$，$(k=1/\ln m)$；

（3）计算第 j 个指标的熵权（差异系数）$w_j=(1-e_j)/\sum_{j=1}^{m}(1-e)$。

二、评价指标的选取

根据科学性、实用性、可量化性、多层次性、独立性、系统性等基本原则，从城市发展综合指数和农村发展综合指数两个大类衡量长三角城乡耦合协调度。城市发展综合指数包括生态设施状况、经济发展水平和社会进步水平 3 个方面；农村发展综合指数包括农业生产条件、农民生活水平和农村经济水平 3 个方面，最终建立的评价指标体系如表 4－2 所示。表 4－2中的正、逆表示城乡耦合协调关联度指标的正逆属性。一般来说，正指标越大越好，逆指标越小越好。

表 4－2　长三角城乡耦合协调关联度评价指标体系

目标层	准则层	指标层	u_{ij}	熵权值	类型
城市发展综合指数	生态设施状况（0.2997）	建成区绿化覆盖率（市辖区）	u_{11}	0.0230	正
		人均铺装道路面积（市辖区）	u_{12}	0.0476	正
		生活污水处理率	u_{13}	0.0293	正
		城市人均日用水量	u_{14}	0.0670	正
	经济发展水平（0.2663）	居民生活用电（市辖区）	u_{15}	0.1328	正
		二、三产业比重	u_{16}	0.0479	正
		人均 GDP	u_{17}	0.0789	正
		城乡居民储蓄存款年末余额	u_{18}	0.1395	正
	社会进步水平（0.4340）	城镇居民家庭人均生活消费支出	u_{19}	0.0533	正
		城镇居民家庭人均可支配收入	u_{110}	0.0552	正
		恩格尔系数（城镇）	u_{111}	0.0581	逆
		固定资产投资（市辖区）	u_{112}	0.2674	正

续表

目标层	准则层	指标层	u_{ij}	熵权值	类型
农村发展综合指数	农业生产条件（0.4145）	有效灌溉面积比例	u_{21}	0.0528	正
		农业机械总动力	u_{22}	0.1038	正
		农村用电量	u_{23}	0.2051	正
		耕地面积	u_{24}	0.0528	正
	农民生活水平（0.3579）	农村居民消费水平	u_{25}	0.0918	正
		农民人均纯收入	u_{26}	0.0919	正
		农村居民人均住房面积	u_{27}	0.0849	正
		农村居民恩格尔系数	u_{28}	0.0893	逆
	农村经济水平（0.2276）	农村固定资产投资	u_{29}	0.0555	正
		乡村从业人员数	u_{210}	0.0688	正
		农林牧渔业总产值	u_{211}	0.1033	正

资料来源：《中国城市统计年鉴》《中国区域经济统计年鉴》及各地级市的统计年鉴。

三、长三角各地区年均城乡协调度排名及分析

计算得出2003—2011年长三角各地区的协调度，分别取均值得到16个地区的年均协调度排名，如表4-3所示。总体而言，经济最发达的上海年均城乡协调度最高，为0.828160，与末位舟山0.510969的年均城乡耦合协调度相差较大。依据参考系数的大小，同时参考城市子系统和农村子系统的发展情况可以看出，长三角各地区年均城乡协调度大体可分为4个梯度：上海为第一个梯度，其年均城乡协调度达到了0.8以上；位于第二梯度的城市有苏州、杭州、宁波和无锡，其年均城乡协调度达到了0.7以上；位于第三梯度的有南京、绍兴、南通、常州和嘉兴，其年均城乡协调度达到了0.6以上；而位于第四梯度的台州、湖州、镇江、泰州、扬州和舟山，年均城乡协调度均在0.6以下。

表 4-3　2003—2011 年长三角各地区年均城乡协调度排名

地区	城乡协调度 D	排名	地区	城乡协调度 D	排名
上海	0.828160	1	南京	0.646132	6
苏州	0.778596	2	南通	0.644629	8
宁波	0.722771	4	台州	0.599096	11
杭州	0.731943	3	湖州	0.573133	12
无锡	0.706874	5	泰州	0.552551	14
绍兴	0.644996	7	镇江	0.563897	13
嘉兴	0.636127	10	扬州	0.550591	15
常州	0.636127	9	舟山	0.510969	16

第三节　城乡耦合协调关系类型及时空差异性分析

通过选取的评价指标及其权重，结合耦合协调度模型，我们得出 2003—2011 年长三角地区 16 个城市的耦合协调度，按照表 4-1 的分类标准对每年各城市的城乡协调关系状况进行分类，如表 4-4 所示。从分类结果上看，各城市的城市子系统与农村子系统的发展协调度类型在 2003—2011 年并未发生大的改变，保持着相对稳定协调耦合的过程。然而，长三角各城市城乡耦合协调度空间分异特征较为明显，分析结果表明，长三角各城市城乡耦合协调关系状况从类型Ⅰ到类型Ⅴ跨越了 5 个等级。同时，实证结果也显示，城乡耦合协调度与地区经济发展水平呈现出明显的正相关关系，经济发展水平高的地区，其城乡耦合协调度较好。根据城乡耦合协调度的相对大小，可将长三角 16 个城市划分为 3 种类型，即高耦合区、中耦合区和低耦合区。

表 4-4　长三角城乡耦合协调关系类型

城市	2003	2004	2005	2006	2007	2008	2009	2010	2011
上海	ⅠA	ⅠA	ⅠA	ⅠA	ⅠA	ⅠA	ⅠA	ⅡA	ⅠA
苏州	ⅡC	ⅡC	ⅡC	ⅡB	ⅡB	ⅡB	ⅡB	ⅡB	ⅡB

续表

城市	2003	2004	2005	2006	2007	2008	2009	2010	2011
宁波	ⅡC	ⅡC	ⅡC	ⅡC	ⅡC	ⅡC	ⅡC	ⅡC	ⅡC
杭州	ⅡB	ⅡB	ⅡB	ⅡB	ⅡB	ⅡB	ⅡB	ⅡB	ⅡB
无锡	ⅢB	ⅢB	ⅡB	ⅡB	ⅡB	ⅡB	ⅡB	ⅡB	ⅡB
绍兴	ⅢC	ⅢC	ⅢC	ⅢC	ⅢC	ⅢC	ⅢC	ⅢC	ⅢC
嘉兴	ⅢC	ⅢC	ⅢC	ⅢC	ⅢC	ⅢC	ⅢC	ⅢC	ⅢC
常州	ⅢB	ⅢB	ⅢB	ⅢC	ⅢB	ⅢB	ⅢB	ⅢB	ⅢB
南京	ⅢA	ⅢA	ⅢA	ⅢA	ⅢA	ⅢA	ⅢA	ⅢA	ⅢA
南通	ⅢC	ⅢC	ⅢC	ⅢC	ⅢC	ⅢC	ⅢC	ⅢC	ⅢC
台州	ⅢC	ⅣC	ⅢC	ⅢC	ⅣC	ⅢC	ⅢC	ⅢC	ⅣC
湖州	ⅣB	ⅣB	ⅣB	ⅣB	ⅣB	ⅣB	ⅣB	ⅣB	ⅣB
泰州	ⅣC	ⅣC	ⅣC	ⅣB	ⅣC	ⅣC	ⅣC	ⅣC	ⅣC
镇江	ⅣA	ⅣA	ⅣA	ⅣB	ⅣB	ⅣA	ⅣB	ⅣA	ⅣA
扬州	ⅣC	ⅣC	ⅣB	ⅣB	ⅣC	ⅣB	ⅣC	ⅣC	ⅣB
舟山	ⅣB	ⅤC	ⅣC	ⅣC	ⅣC	ⅤB	ⅣC	ⅣC	ⅣC

一、高耦合区

将处于类型Ⅰ的城市划分为高耦合区。从结果来看，只有上海的城乡耦合协调度在2003—2011年基本一直保持在类型Ⅰ上，仅在2010年表现为类型Ⅱ，即中度协调发展关系，这说明上海的城市与农村有着良好的协调发展关系。同时，上海的城乡耦合协调类型一直表现为A类，即乡村发展滞后型。由此得知，虽然上海城市发展与乡村发展处于高耦合状态，但相对于其高度发展的城市水平，其乡村发展仍然较为滞后。

二、中耦合区

将处于类型Ⅱ和类型Ⅲ的城市划分为中耦合区。苏州、宁波、杭州和无锡2003—2011年城乡耦合协调度基本保持在类型Ⅱ上，其中苏州、宁波和杭州的城市与乡村一直处于中度协调发展状态，而无锡的城市与乡村虽然在2003年和2004年处于初级协调发展状态，但在2004年后有所优化，上升到中度协调发展状态。同时，苏州、杭州和无锡的城乡耦合协调类型基本表现为B类，即城乡同步发展型。其中杭州、无锡2003—2011年一直维持城乡发展同步，苏州2003—2005年表现为C类，即乡村发展超前型，2005年后转变为B类，即城乡同步发展型。宁波在2003—2011年一直表现为C类，即乡村发展超前型，原因可能是宁波市乡村旅游资源丰富，其乡村旅游资源总量居浙江省第一（徐清，2009），发达的乡村旅游业推动了宁波市乡村发展，使乡村发展相对超前于城市发展。类型Ⅲ主要分布在浙江的嘉兴、绍兴和台州以及江苏的南京、南通和常州。但这些城市的城乡耦合协调类型又各有不同，如嘉兴、绍兴、台州和南通的城乡耦合协调类型表现为C类，即乡村发展超前型，其中台州在2003—2011年城乡耦合协调度基本保持在类型Ⅲ上，但在类型Ⅲ和类型Ⅳ之间时有波动。而南京的城乡耦合协调类型表现为A类，即乡村发展滞后型，根据邓立丽（2012）的研究来看，南京的二元对比系数在江苏省地级市中排倒数第二，城乡居民收入差异系数在江苏省地级市中排倒数第一。二元对比系数反映了农业与非农业两部门的劳动生产率差异，其数值越小，表明两部门差异越大；城乡居民收入差异系数则反映了城乡居民收入水平和居民生活水平的差距，系数越小，表明城乡居民收入差距越大，二元结构越明显。这也从另一个角度验证了南京城乡二元分割、发展不对接、乡村发展落后于城市发展的现状。常州的城乡耦合协调类型主要表现为B类，即城乡同步发展型。

三、低耦合区

将处于类型Ⅳ和类型Ⅴ的城市划分为低耦合区，主要包括浙江的湖州、舟山以及江苏的泰州、镇江和扬州。其中，湖州、泰州、镇江和扬州一直保持在类型Ⅳ上，城市与乡村勉强协调发展，而舟山虽总体表现为类型Ⅳ，但在2004年和2008年表现为类型Ⅴ，城市和乡村呈轻度失调发展。同时，这些城市的城乡耦合协调类型也各有不同，镇江的城乡耦合协调类型大体表现为A类，即乡村发展滞后型；湖州的城乡耦合协调类型大体表现为B类，即城乡同步发展型；泰州、扬州和舟山的城乡耦合协调类型大体表现为C类，即乡村发展超前型。

第四节 结 论

通过选取长江三角洲地区16个城市2003—2011年的耦合测度指标数据，引入耦合度函数和耦合协调度函数构建城乡系统耦合协调度模型，并对长三角16个城市的城乡系统耦合协调性进行了实证研究。结果表明，长三角作为中国乃至世界经济增长最迅速、城市化进程最快的地区之一，其区域内部城乡耦合协调程度仍然存在一定的差异，长三角16个城市城乡耦合协调度的时空差异规律表现在以下几方面。

（1）总体来看，城乡耦合协调度大小与地区经济发展水平呈明显的正相关，经济发展水平高的地区，其城乡耦合协调度也较高。

（2）从耦合协调程度的相对大小来看，作为长三角第一大城市的上海处于高耦合区，城市与乡村有着良好的协调发展关系，但上海的城乡耦合协调类型2003—2011年始终表现为A类，即乡村发展滞后型，相对于其高度发展的经济水平，其乡村发展较为落后；处于中耦合区的城市有浙江的杭州、宁波、嘉兴、绍兴和台州以及江苏的南京、苏州、无锡、南通和常州，其中苏州、宁波、杭州和无锡的城乡耦合协调发展程度高于南京、嘉兴、绍兴、南通、台州和常州；低耦合区主要包括浙江的湖州和舟山以及江苏的泰州、镇江和扬州，其中湖州、泰州、镇江和扬州的城市与乡村呈勉强协调发展，而舟山虽然总体上也表现为城乡勉强协调发展，但在2004年和2008年城市和乡村呈现轻度失调发展。

（3）从城乡耦合协调类型来看，上海、南京和镇江的城乡耦合协调类型基本表现为A类，即乡村发展滞后型；苏州、杭州、无锡、常州和湖州的城乡耦合协调类型基本表现为B类，即城乡同步发展型；宁波、嘉兴、绍兴、台州、南通、泰州、扬州和舟山基本表现为C类，即乡村发展超前型。

中篇

长三角地区经济发展与居民生活质量耦合协调发展研究

第五章　长三角地区经济发展水平与居民生活质量耦合协调性研究

包括上海、南京、杭州等16个地级城市在内的长江三角洲地区，是中国经济发展和一体化发展水平最高的区域之一。从区域经济学角度考虑，通常一个地区经济发展水平越高，居民生活质量越高，但耦合协调同步程度存在差异。李月（2010）通过考察改革开放40余年来有效经济增长与居民生活质量提升的关系，发现两者呈正相关，并得出我国居民生活质量水平的提升速度与有效经济增长的提升速度和谐同步的结论。李小建和乔家君（2002）通过对全国15个省份19个县（市）近万户调查数据的分析发现，居民对自己生活状况的主观评价与区域经济发展水平并不呈显著正相关关系，这说明经济发展与生活质量耦合协调程度较低。作为一体化发展程度较高的长三角地区，在经济发展取得巨大成就的同时，区域内部同样存在一定的差距。近年来，学者们从经济差异、城镇化水平、城镇空间扩展、住宅价格和城乡收入差异等角度，分别对长三角地区经济发展水平与居民生活质量差异进行了实证研究（郝前进、陈杰，2007；吕韬，2010；曹广忠等，2011；车前进等，2011；宋伟轩，2013），但涉及经济发展水平与居民生活质量关联耦合性的分析并不多见。鉴于此，本书创新性地运用物理学中的耦合发展模型，通过计算长三角地区经济发展与居民生活质量之间的耦合协调度，分析和评价两个系统之间相互依赖、相互协调、相互促进的动态关联关系。

第一节　经济发展与生活质量耦合模型的建立

物理学中的耦合概念是指两个或两个以上的系统或运动方式之间，通过各种相互作用而彼此影响以致联合起来的现象，是在各个子系统间的良性互动下，相互依赖、相互协调、相互促进的动态关联关系（吴勤堂，2004）。从协同性的角度看，耦合作用及其协调程度决定了系统在达到临界区域时走向何种序与结构，即决定了系统由无序走向有序的趋势（刘耀彬等，2005）。分析耦合关系，可以有效解决系统间的失调发展问题，以利于各系统的相互协调和共同发展（张青峰等，2011）。

本书构建了经济发展水平—居民生活质量耦合模型，揭示经济发展与居民生活两个子系统通过各自的耦合元素产生相互作用的程度。模型由两部分组成，即耦合度模型与耦合协调度模型。首先借鉴耦合理论中容量耦合的概念及框架，构建功效函数来测度经济发展与居民生活两个耦合子系统内部的发展功效，构建耦合度函数和耦合协调度函数，分别从单纯定量及“纳含定性的定量”（Illingworth，1996）两个角度测度经济发展与居民生活两个子系统之间的耦合发展效率。

一、功效函数

设 U_1 为经济发展子系统序参量，U_2 为居民生活子系统序参量，$u_{ij}(i=1,2;j=1,2,\cdots,m)$ 为经济发展子系统及居民生活子系统内部的基础观测指标。定义 $U_i=\sum_{j=1}^{m}\lambda_{ij}u''_{ij}$ 为众多观测指标组成的两个子系统的外在发展功效，其中 λ_{ij} 为各指标的权重，有 $\sum_{j=1}^{m}\lambda_{ij}=1$；$u''_{ij}$ 为第 i 个子系统的第 j 个指标经过归一化后的标准化数值，归一化具体过程为：

对于正向指标 u_{ij}，令

$$u''_{ij}=\left[\frac{u_{ij}-\min\limits_{1\leqslant i\leqslant n}u_{ij}}{\max\limits_{1\leqslant i\leqslant n}u_{ij}-\min\limits_{1\leqslant i\leqslant n}u_{ij}}\right]\times 0.9+0.1 \qquad (5-1)$$

对于逆向指标 u_{ij} ，令

$$u''_{ij} = \left[\frac{\max\limits_{1\leqslant i\leqslant n} u_{ij} - u_{ij}}{\max\limits_{1\leqslant i\leqslant n} u_{ij} - \min\limits_{1\leqslant i\leqslant n} u_{ij}}\right] \times 0.9 + 0.1$$

二、耦合度模型

借鉴物理学中的容量耦合概念及容量耦合系数模型，得到 n 维系统相互作用耦合度模型：

$$C_n = n\left(\frac{U_1 U_2, \cdots, U_n}{\prod (U_i + U_j)}\right)^{\frac{1}{n}} \tag{5-2}$$

本研究中只有经济发展水平与居民生活质量两个子系统，因此，经过降维处理后得到二维耦合度函数（霍影，2012）：

$$C_2 = 2\sqrt{\frac{U_1 U_2}{(U_1 + U_2)(U_2 + U_1)}} \tag{5-3}$$

式（5-3）中，耦合度值 $C \in [0,1]$ 。当 C 趋向于0时，耦合度极小，此时系统之间或系统内部要素之间处于失谐或无关状态，系统将向无序发展；当 C 趋向于1时，耦合度极大，系统之间或系统内部要素之间达到良性共振耦合，系统也将趋于新的有序结构。

三、耦合协调度模型

上述耦合度模型能够判别出长三角经济发展与居民生活耦合作用的强弱程度，但无法反映出长三角经济发展与居民生活的整体“功效”与“协同”效应。为此，还需构建经济发展与居民生活耦合协调度模型，以期有效地判别不同区域经济发展与居民生活交互耦合的协调程度。

建立的耦合协调度函数为：
$$\begin{cases} D = (C \times T)^k \\ T = aU_1 + bU_2 \end{cases} \tag{5-4}$$

式（5-4）中，D 为耦合协调度，C 为经济发展与居民生活之间的耦合度，T 为长三角经济发展与居民生活之间的综合调和指数，它反映了经济发展与居民生活之间的整体协调效应或协同贡献；k ，a ，b 为待定系数，按照一般情况，本书中的 k 取值0.5。另外，考虑到经济发展与居民生活具有相同的重要性，取 a , b 值均为0.5。

根据经济发展与居民生活耦合协调度 D 以及 U_1 和 U_2 之间的关系，识别出长三角经济发展与居民生活耦合协调发展评判标准与基本类型（见表5-1）（何宜庆、翁异静，2012）。

表5-1　长三角经济发展与居民生活耦合协调度分类

大类		小类	基本类型	
	协调发展度 D		U_1 和 U_2 的对比关系	协调发展类型
协调发展	$0.9 < D \leq 1$	优质协调发展（Ⅰ）	(A) $U_1 - U_2 > 0.1$	优质协调发展类居民生活质量滞后型（ⅠA）
			(B) $U_2 - U_1 > 0.1$	优质协调发展类居民生活质量超前型（ⅠB）
			(C) $0 \leq \|U_1 - U_2\| \leq 0.1$	优质协调发展类经济发展居民生活同步型（ⅠC）
	$0.8 < D \leq 0.9$	良好协调发展（Ⅱ）	(A) $U_1 - U_2 > 0.1$	良好协调发展类居民生活质量滞后型（ⅡA）
			(B) $U_2 - U_1 > 0.1$	良好协调发展类居民生活质量超前型（ⅡB）
			(C) $0 \leq \|U_1 - U_2\| \leq 0.1$	良好协调发展类经济发展居民生活同步型（ⅡC）
	$0.7 < D \leq 0.8$	中级协调发展（Ⅲ）	(A) $U_1 - U_2 > 0.1$	中级协调发展类居民生活质量滞后型（ⅢA）
			(B) $U_2 - U_1 > 0.1$	中级协调发展类居民生活质量超前型（ⅢB）
			(C) $0 \leq \|U_1 - U_2\| \leq 0.1$	中级协调发展类经济发展居民生活同步型（ⅢC）
	$0.6 < D \leq 0.7$	初级协调发展（Ⅳ）	(A) $U_1 - U_2 > 0.1$	初级协调发展类居民生活质量滞后型（ⅣA）
			(B) $U_2 - U_1 > 0.1$	初级协调发展类居民生活质量超前型（ⅣB）
			(C) $0 \leq \|U_1 - U_2\| \leq 0.1$	初级协调发展类经济发展居民生活同步型（ⅣC）

续表

大类		小类	基本类型	
	协调发展度 D		U_1 和 U_2 的对比关系	协调发展类型
勉强协调发展	$0.5 < D \leq 0.6$	勉强协调发展（Ⅴ）	(A) $U_1 - U_2 > 0.1$	勉强协调发展类居民生活质量滞后型（ⅤA）
			(B) $U_2 - U_1 > 0.1$	勉强协调发展类居民生活质量超前型（ⅤB）
			(C) $0 \leq \|U_1 - U_2\| \leq 0.1$	勉强协调发展类经济发展居民生活同步型（ⅤC）
濒临失调发展	$0.4 < D \leq 0.5$	濒临失调衰退（Ⅵ）	(A) $U_1 - U_2 > 0.1$	濒临失调衰退类居民生活受损型（ⅥA）
			(B) $U_2 - U_1 > 0.1$	濒临失调衰退类经济受损型（ⅥB）
			(C) $0 \leq \|U_1 - U_2\| \leq 0.1$	濒临失调衰退类经济发展居民生活受损型（ⅥC）
失调发展	$0.3 < D \leq 0.4$	轻度失调衰退（Ⅶ）	(A) $U_1 - U_2 > 0.1$	轻度失调衰退类居民生活受损型（ⅦA）
			(B) $U_2 - U_1 > 0.1$	轻度失调衰退类经济受损型（ⅦB）
			(C) $0 \leq \|U_1 - U_2\| \leq 0.1$	轻度失调衰退类经济发展居民生活受损型（ⅦC）
	$0.2 < D \leq 0.3$	中度失调衰退（Ⅷ）	(A) $U_1 - U_2 > 0.1$	中度失调衰退类居民生活受损型（ⅧA）
			(B) $U_2 - U_1 > 0.1$	中度失调衰退类经济受损型（ⅧB）
			(C) $0 \leq \|U_1 - U_2\| \leq 0.1$	中度失调衰退类经济发展居民生活受损型（ⅧC）
	$0.1 < D \leq 0.2$	严重失调发展（Ⅸ）	(A) $U_1 - U_2 > 0.1$	严重失调衰退类居民生活受损型（ⅨA）
			(B) $U_2 - U_1 > 0.1$	严重失调衰退类经济受损型（ⅨB）
			(C) $0 \leq \|U_1 - U_2\| \leq 0.1$	严重失调衰退类经济发展居民生活受损型（ⅨC）
	$0 \leq D \leq 0.1$	超级严重失调衰退（Ⅹ）	(A) $U_1 - U_2 > 0.1$	超级严重失调衰退类居民生活受损型（ⅩA）
			(B) $U_2 - U_1 > 0.1$	超级严重失调衰退类经济受损型（ⅩB）
			(C) $0 \leq \|U_1 - U_2\| \leq 0.1$	超级严重失调衰退类经济发展居民生活受损型（ⅩC）

第二节　指标体系构建与耦合匹配度测算

科学、合理的指标体系构建是进行耦合协调分析的前提条件之一，根据科学性、实用性、可量化性、多层次性、独立性、系统性等基本原则，本书从经济增长、经济结构与经济关系、经济效益和经济可持续发展4个方面衡量长三角经济发展水平，从收入水平、消费水平、教育与健康水平和居住水平4个方面衡量长三角居民生活质量，最终建立的评价指标体系如表5－2所示。

表5－2　长三角经济发展与居民生活耦合协调关联度评价指标体系

耦合系统	准则层	指标层	u_{ij}	单位	权重	类型
经济发展子系统 U_1	经济增长	地区生产总值	u_{11}	万元	0.0923	+
		地方财政一般预算内收入	u_{12}	万元	0.1329	+
		全社会固定资产投资	u_{13}	万元	0.0783	+
		当年实际使用外资金额	u_{14}	万美元	0.1014	+
	经济结构与经济关系	第三产业占GDP比重	u_{15}	%	0.1218	+
		出口贸易额占贸易总额的比重	u_{16}	%	0.0600	+
		外贸依存度	u_{17}	—	0.1001	+
	经济效益	总就业人数除以总人口数	u_{18}	%	0.0607	+
		GDP增长率	u_{19}	%	0.0364	+
		贸易额增加率	u_{110}	%	0.0776	+
	经济可持续发展	“三废”综合利用产品产值	u_{111}	万元	0.1134	+
		生活垃圾无害化处理率	u_{112}	%	0.0251	+

续表

耦合系统	准则层	指标层	u_{ij}	单位	权重	类型
居民生活子系统 U_2	收入水平	城乡居民储蓄年末余额	u_{21}	万元	0.1120	+
		职工平均工资	u_{22}	元	0.0534	+
		农村居民人均纯收入	u_{23}	元	0.0630	+
		城镇居民人均可支配收入	u_{24}	元	0.0555	+
	消费水平	社会消费品零售总额	u_{25}	万元	0.0902	+
		农村居民恩格尔系数	u_{26}	%	0.0792	-
		城镇居民恩格尔系数	u_{27}	%	0.0477	-
	教育与健康水平	人口死亡率	u_{28}	%	0.0794	-
		教育经费占财政支出比重	u_{29}	%	0.0783	+
		每万人拥有医生数	u_{210}	人	0.0825	+
	居住水平	每百人公共图书馆藏书	u_{211}	册、件	0.1222	+
		移动电话普及率	u_{212}	部/百人	0.0600	+
		城市绿化覆盖率	u_{213}	%	0.0437	+
		市区人均住房居住面积	u_{214}	平方米	0.0320	+

注："+"表示正向指标，"-"表示负向指标。

资料来源：2004—2011年《中国城市统计年鉴》《中国区域经济统计年鉴》，上海、江苏、浙江及各地级市统计年鉴与政府工作报告。

对于变量的赋权，通常采用德尔菲专家咨询法和层次分析法，因其主观性过强，本书采取"熵权法"这一相对更加客观的赋权方法。根据各指标的变异程度，利用信息熵计算出各指标的熵权，再通过熵权对各指标的权重进行修正，从而得出较为客观的指标权重（西北工业大学数学建模课题组，2012）。具体过程为下：

（1）对指标数据进行归一化处理，得到归一化后的数据 u''_{ij}，其归一化方法与上文中一致。

（2）计算第 j 个指标下的第 i 个子系统占该指标的比重 p_{ij}：

$$p_{ij} = \frac{u''_{ij}}{\sum_{i=1}^{n} u''_{ij}} \quad (5-5)$$

（3）计算第 j 个指标的熵值 e_j：

$$e_j = -k\sum_{i=1}^{n} p_{ij}\ln p_{ij} \tag{5-6}$$

其中，调节系数 $k = 1/\ln(n) > 0$ 。

（4）计算第 j 个指标的差异系数。对第 j 个指标，其值的差异越大，对方案评价的作用就越大，熵值就越小。

定义差异系数为：

$$g_j = \frac{1 - e_j}{m - E_e} \tag{5-7}$$

$$E_e = \sum_{j=1}^{m} e_j \tag{5-8}$$

当 $0 \leqslant g_j \leqslant 1$ ，$\sum_{j=1}^{m} g_j = 1$ 。

（5）求权重。

$$w_j = \frac{g_j}{\sum_{j=1}^{m} g_j} = g_j \quad j = 1,2,\cdots,m \tag{5-9}$$

由于 $\sum_{j=1}^{m} g_j = 1$ ，故差异系数就为所求权重，计算所得具体权重如表5－2 所示。

将上述标准化后的数据和熵权法得到的权重代入功效函数，计算出长三角经济发展与居民生活两个子系统的功效值，并累加得到 U_1 和 U_2 。将 U_1 和 U_2 代入耦合度函数和耦合协调度函数，计算得到 C ，T 和 D 的值，得到 2003—2010 年 16 个地级市经济发展与居民生活质量耦合协调发展的状况（见表 5－3）。

表 5－3　长三角经济发展与居民生活质量耦合协调关系状况

城市	2003	2004	2005	2006	2007	2008	2009	2010
上海	ⅡC	ⅠC	ⅡC	ⅡC	ⅡB	ⅡC	ⅡC	ⅡC
南京	ⅣC	ⅣC	ⅣC	ⅣB	ⅣB	ⅣB	ⅣB	ⅣB
无锡	ⅣC	ⅣC	ⅣB	ⅣB	ⅣB	ⅣB	ⅣB	ⅣB

续表

城市	2003	2004	2005	2006	2007	2008	2009	2010
常州	ⅣC	ⅣC	ⅣC	ⅣC	ⅣC	ⅣC	ⅣC	ⅣB
苏州	ⅢA	ⅢC	ⅢC	ⅢC	ⅢC	ⅢC	ⅡC	ⅢC
南通	ⅤC	ⅤC	ⅤC	ⅤC	ⅤC	ⅤC	ⅤC	ⅤB
扬州	ⅤC	ⅥC	ⅤC	ⅤC	ⅤC	ⅤC	ⅤC	ⅤC
镇江	ⅤC	ⅤC	ⅤC	ⅤB	ⅤC	ⅤC	ⅤB	ⅤC
泰州	ⅤC	ⅤC	ⅤC	ⅥC	ⅥC	ⅤC	ⅤC	ⅤC
杭州	ⅢB	ⅢB	ⅢB	ⅢB	ⅢB	ⅢC	ⅢB	ⅢB
宁波	ⅢC	ⅢC	ⅣC	ⅣC	ⅣC	ⅣC	ⅣB	ⅣB
嘉兴	ⅣC	ⅣB	ⅣB	ⅣB	ⅣB	ⅣB	ⅣB	ⅣB
湖州	ⅤC	ⅤB	ⅣB	ⅤB	ⅣB	ⅤB	ⅤB	ⅣB
绍兴	ⅣB	ⅣB	ⅣB	ⅤB	ⅣB	ⅤB	ⅤC	ⅣB
舟山	ⅤB	ⅣC	ⅤC	ⅤC	ⅣC	ⅤC	ⅤC	ⅤC
台州	ⅣC	ⅣB	ⅣB	ⅣB	ⅣB	ⅤB	ⅤB	ⅣB

第三节　耦合协调度计算结果及原因分析

从表5－3中可以看出，长三角地区各个城市经济发展与居民生活质量的耦合协调程度从类型Ⅰ到类型Ⅵ跨越了6个等级。对于其中任意一个城市而言，在这8年中都保持着一个相对稳定的耦合协调程度，因此，我们可以把长三角16个城市根据其耦合协调程度的相对大小划分为高耦合区、中耦合区和低耦合区。

一、高耦合区

将处于类型Ⅰ和类型Ⅱ的城市划分为高耦合区。具体来看，只有上海市的耦合协调程度在这8年中基本一直维持在该类型上，经济发展与居民生活质量有着非常好的协调发展关系，在少数年份（2004年）还表现为类型Ⅰ（优质协调发展关系）。同时我们发现，2003—2010年，上海市经济发展与居民生活的协调类型基本保持为C类，即经济发展居民生活同步型，只有在2007年表现为B类，即居民生活质量超前型。由此我们可以发现，上海市作为我国长三角地区经济发展的龙头城市，不仅注重城市经济的发展，也注重人民生活质量与经济发展高耦合同步提升。

二、中耦合区

将处于类型Ⅲ和类型Ⅳ的城市划分为中耦合区。苏州和杭州这两个城市经济发展与居民生活质量的耦合协调程度在这8年间基本维持在类型Ⅲ上。然而不同之处在于，苏州市只有在2003年的经济发展与居民生活质量的协调类型为类型Ⅲ中的A类，即居民生活质量滞后于经济发展，其他年份的协调类型为C类；而杭州市则只有在2008年为C类，其他年份均为B类。这说明虽然苏州市和杭州市经济发展和居民生活的耦合协调程度相当，但苏州市兼顾经济发展和居民生活质量的提高，而杭州市更加注重居民生活质量的提高，经济发展水平相对滞后。原因可能是杭州市为浙江省的省会城市，一般来说，省会城市的基础设施和居民的福利会相对较高，从而导致杭州市的居民生活质量是超前于经济发展，而苏州市是经济发展和生活质量同步发展的现状。类型Ⅳ主要分布在苏南的南京、无锡和常州，以及浙北的宁波、嘉兴、绍兴和台州。整体上看，类型Ⅳ中的大部分城市都在近几年由A类或者C类转变为B类，并最终稳定在B类上，即居民生活质量的提升超前于经济发展。

三、低耦合区

将处于类型Ⅴ和类型Ⅵ的城市划分为低耦合区，主要包括江苏的南通、扬州、镇江和泰州，以及浙江的舟山和湖州。整体来看，这些地区的经济发展和居民生活质量的耦合协调发展程度并不高。其中湖州市相对来说居民生活质量超前于经济发展，而南通、扬州、镇江和泰州则兼顾了经济发展和居民生活质量的提高。

第四节 主要结论

本书通过构建基于耦合理论的经济发展与居民生活质量耦合发展体系，从各方面完整地评价出长三角地区的经济发展和居民生活质量。然后，通过引入耦合度函数和耦合协调度函数，对长三角地区16个地级市2003—2010年两个子系统的耦合协调关系进行了实证研究，发现在长三角区域经济一体化的大背景下，在空间分布上，不同地区的经济发展与居民生活质量之间有着不同程度的耦合协调发展程度。其耦合程度的空间分布规律具体表现如下：

（1）上海市作为长三角地区的龙头城市，其经济发展与居民生活质量之间具有良好的耦合协调发展关系，不仅注重城市经济的发展，也注重人民生活质量与经济发展高耦合同步提升。

（2）苏州和杭州的经济发展和居民生活质量的耦合协调发展关系处于中等水平，两者的区别在于，苏州表现为经济发展和居民生活质量同步发展，而杭州表现为居民生活质量超前于经济发展；苏南的南京、无锡和常州以及浙江的宁波、嘉兴、绍兴和台州，上述城市的经济发展和居民生活质量的耦合协调发展程度也处于中等水平，但相对于苏州和杭州来说上述城市更低，且这些城市普遍在近几年稳定在居民生活质量超前于经济发展的类型上，这反映出这些城市开始逐步重视居民生活质量的提高。

（3）江苏的南通、扬州、镇江和泰州以及浙江省东北部的舟山和湖州，这些城市的经济发展和居民生活质量的协调发展程度较低，而与其他地区的不同之处在于，这些城市兼顾了经济发展和居民生活质量的提高，经济发展和居民生活质量为同步发展类型。

第六章　基于投影寻踪模型的长三角经济发展与人口素质耦合协调性研究

人口对于经济发展具有至关重要的作用，两者之间的关系也是学者们历来研究的重点。改革开放以来，中国经济高速增长，与此同时，“科教兴国”等政策的实施以及科、教、文、卫、体投入的加大使得人口素质也有了大幅提高。然而，中国地域广大，经济发展不均衡现象较为明显，医疗资源、教育资源等分配不均使得人口素质也存在明显的区域差异。对此，学者们从多角度研究了中国经济增长与人口素质之间的关系，主要着眼于三大方面。一是基于可持续发展思想和人文理念探讨人口素质与经济增长的相互作用机理，其核心是用提高人口素质的途径促进经济和社会的持续、稳定和协调发展。如基于“木桶理论”的人口素质之于经济发展的功能价值探讨，通过人力资本价值提升促进人口素质提高，从而促进经济发展方式转变的作用机理研究等。二是通过建立数学模型，定量分析两者之间的关系，研究发现人口素质与经济发展总体上保持着较高程度的正相关性，人口素质是推动中国经济增长的重要因素，高的国民 IQ 和学校教育会促进社会的明显进步，然而，人口素质的这种贡献率有着显著的区域差异。三是将人口素质与生态环境联系起来，研究二者的相互作用机制与定量关系。孟慧君（1995）认为，人口科学文化素质影响生态环境意识、人口增长控制、环境科技发展、就业对生态环境的压力以及环境容量等，对资源环境有根本性影响。在此理论指导下，有学者以西部贫困地区为例，研究发现人口素质相对低下是其生态环境恶化的一个重要原因。在大力发展低碳经济的背景下，肖周燕（2006）利用面板数据的聚类分析方法，研究发现中国人口素质与 CO_2 排放量之间并不是简单的线性关系，其与人口素质的经济贡献率有关。

国民经济与人口素质协同发展、互相推动，两者间存在着天然的交互耦合关系，只有两者达到耦合协调状态，方能促进社会经济的良好健康发展。然而，有学者研究发现，中国经济发展与人口素质呈现出不协调的关系。尽管有学者尝试将耦合理论引入经济发展与人口素质关系研究中，然而目前此类研究成果较少，且仅有的研究都是以全国各省域为研究对象，鲜有对特殊区域的研究。作为中国综合实力最强、城镇化水平最高的区域之一，长三角地区的教育投入力度大，人口素质也相对较高，但两者间的耦合协调性尚待研究。鉴于此，本书基于经济发展与人口素质的交互耦合机制，以 2003—2011 年长三角 16 市作为研究对象，构建经济发展与人口素质评价指标体系，采用投影寻踪模型，通过函数最优化和确定投影值，分别对经济发展与人口素质进行了综合评价，继而构造二者的耦合协调度模型，分析其耦合协调状况的演变特征。

第一节　指标体系与分析方法

一、指标体系的建立

由于单指标难以全面衡量区域经济发展与人口素质状况，借鉴相关研究工作，并考虑到数据的可获得性与连续性，采用多指标综合集成法建立如下指标体系（见表 6－1）。

表 6-1 经济发展与人口素质指标体系

子系统	准则层	具体指标	u_{ij}	单位	类型
经济发展	经济增长	地区生产总值	u_{11}	万元	+
		地方财政一般预算内收入	u_{12}	万元	+
		全社会固定资产投资	u_{13}	万元	+
	经济结构与经济关系	当年实际使用外资金额	u_{14}	万美元	+
		第三产业占 GDP 比重	u_{15}	%	+
		出口贸易额占贸易总额的比重	u_{16}	%	+
	经济效益	外贸依存度	u_{17}	—	+
		总就业人数除以总人口数	u_{18}	%	+
		GDP 增长率	u_{19}	%	+
	经济可持续发展	贸易额增加率	u_{110}	%	+
		“三废”综合利用产品产值	u_{111}	万元	+
		生活垃圾无害化处理率	u_{112}	%	+
人口素质	身体素质	平均预期寿命	u_{21}	岁	+
		粗死亡率	u_{22}	‰	-
		每万人卫生技术人员数	u_{23}	人	+
	文化素质	每万人财政教育经费支出	u_{24}	元	+
		文盲率	u_{25}	%	-
		每万人在校大学生人数	u_{26}	人	+
	劳动技能素质	劳动生产率	u_{27}	万元/人	+
		每万人口专利授权量	u_{28}	项	+
		从业人数中大专以上人口比例	u_{29}	%	+

注：“+”表示正向指标，“-”表示负向指标。

资料来源：2004—2012 年《中国城市统计年鉴》、长三角三省市及各地级市统计年鉴。

二、投影寻踪综合评价模型

投影寻踪模型，简称 PPM 模型，其将高维数据投影到低维空间从而通过投影数据的结构特征来研究原高维数据，通常被用于解决多因素非线性高维数据的降维处理与新型综合评价问题。

设 x_{ij} 代表第 i 个样本的第 j 个指标，$i = 1,2,\cdots,n$；$j = 1,2,\cdots,m$，此

处的 n 代表样本数，m 代表指标个数。首先用极差法对原始数据进行标准化处理，然后运用投影寻踪模型对长三角地区经济发展与人口素质进行综合评价，步骤依次如下：

（1）投影指标函数

一般而言，直接处理高维数据比较困难，而将其进行投影从而转化为低维数据后，便可以利用常规方法进行处理与分析。此处采用线性投影将其投影到一维线性空间，设 a 代表 m 维单位投影方向向量 $a = (a_1, a_2, \cdots, a_m)$，$z_i$ 代表 x_{ij} 的投影特征值，则有：

$$z_i = \sum_{j=1}^{m} a_j \times x_{ij}^*, (i = 1, 2, \cdots, n) \tag{6-1}$$

式中，$z_{ij} = a_j \times x_{ij}^*$ 为 x_{ij} 的投影分量，$z = (z_1, z_2, \cdots, z_n)$ 为投影特征值向量。

（2）构造目标函数

对于线性投影而言，要求 z_i 的类间距离 S_z 尽可能大；另外，也要求序列 $\{z_i \mid i = 1, 2, \cdots, n\}$ 的类内密度 D_z 取值最大，使得投影空间中的指标尽量集中：

$$Q(a) = S_z \times D_z \tag{6-2}$$

式（6-2）中，$S_z = \left[\sum (z_i - E_z)^2/(n-1)\right]^{0.5}$，其中 E_z 为序列 $\{z_i \mid i = 1, 2, \cdots, n\}$ 的均值。类内密度 $D_z = \sum\sum (R - r_{ij}) u(R - r_{ij})$，$R$ 为密度窗宽，一般取值为 αS_z，其中 α 可以为0.1、0.01或0.001等；r_{ij} 代表投影特征值之间的距离，计算公式为 $r_{ij} = (\mid z_i - z_k) \mid (k = 1, 2, \cdots, n)$；$u$ 代表单位阶跃函数，当 $R - r_{ij} \geqslant 0$ 时，取值为1，当 $R - r_{ij} \leqslant 0$ 时，取值为0。

（3）优化投影方向

投影寻踪模型要求选取最佳投影方向以尽量多地反映出原数据的内部信息，通常运用求解投影指标函数最大化的方法进行计算，即：

$$\begin{cases} \max Q(a) = S_z D_z \\ \| a_j \| = 1 \end{cases} \tag{6-3}$$

这是一个以 a_j 为优化变量的复杂非线性优化问题，鉴于加速遗传算法的种种优点，本书也采用此方法来寻找全局最优。

(4) 确定投影值

将 a_j 代入投影指标函数，便可以求得投影值 z_i，根据 z_i 的大小可以综合评价分析样本的优劣，z_i 越大则该样本越优。

三、耦合协调发展度模型

耦合的概念源自物理学，是指两个以上（含两个）的系统互相影响以至于联合起来的现象，反映了各系统间相互依赖、促进、制约的动态协同发展关系。分析耦合协调性可以及时发现并解决系统间存在的失调问题，以促进系统间的良好协同发展。经济发展与人口素质相互依赖、制约、促进，两者之间交互耦合、协同共进。因此，建立两系统的耦合协调模型以揭示两者协调发展程度，首先通过耦合度模型和耦合协调度模型分析两者的协调情况，继而建立相对发展度模型衡量系统间的适应性和同步性。

(1) 耦合度模型

依据容量耦合的概念与模型可得 n 维系统耦合度模型：

$$C_n = n\left[\frac{U_1U_2\cdots U_n}{\prod(U_i + U_j)}\right]^{\frac{1}{n}} \tag{6-4}$$

由于本书只研究经济发展与人口素质两系统之间的关系，由此可得到如下二维耦合度函数：

$$C = 2\sqrt{\frac{U_1U_2}{(U_1 + U_2)(U_2 + U_1)}} \tag{6-5}$$

其中，U_1 和 U_2 为经济发展与人口素质投影值标准化后的值；C 为耦合度，其值介于 0 ~ 1 之间，C 接近于 0 则表示两系统失谐，整个系统将向无序发展，C 接近于 1 则表示两系统共振耦合，整个系统的结构有序和谐。

(2) 耦合协调度模型

上述耦合度模型能够判别出长三角经济发展与人口素质耦合作用的强弱程度，但在某些情况下难以反映长三角经济发展与人口素质的协同效应。为此，还有必要建立两者的耦合协调度模型以期有效地判别各地区两系统的协调情况。

建立的耦合协调度函数为：

$$\begin{cases} D = (C \times T)^{k} \\ T = aU_1 + bU_2 \end{cases} \tag{6-6}$$

式（6－6）中，D 是耦合协调度，C 是耦合度，T 是两者的调和指数，表明了两者间的整体协调效果；k，a，b 为待定系数，按照一般情况，本书中的 k 取值 0.5。另外，考虑到经济发展与人口素质具有相同的重要性，取 a，b 值均为 0.5。

（3）相对发展度

在上述耦合协调度模型的基础上，引入相对发展度指数，以期衡量长三角地区经济发展与人口素质的同步性和相互适应性，相对发展度指数 E 的计算如下：

$$E = U_1 / U_2 \tag{6-7}$$

根据 E 的大小可将相对发展情况分为两系统完全同步发展型（$E = 1$）、人口素质滞后型（$E > 1$）和人口素质超前型（$E < 1$）三类。

第二节　经济发展与人口素质评价研究

一、经济发展综合评价

表 6－2　2003 年、2007 年和 2011 年经济发展投影值分布

地区	2003	2007	2011
上海市	高	高	高
南京市	较高	中	较高
无锡市	较高	较高	较高
常州市	中	中	较高
苏州市	高	高	高
南通市	较低	中	中
扬州市	较低	低	较低

续表

地区	2003	2007	2011
镇江市	较低	低	较低
泰州市	较低	低	低
杭州市	较高	较高	高
宁波市	较高	较高	较高
嘉兴市	中	中	中
湖州市	较低	低	较低
绍兴市	中	较低	中
舟山市	低	中	中
台州市	中	低	较低

注：在本表中，2003 年、2007 年和 2011 年的“低”“较低”“中”“较高”和“高”5 个等级均是根据自然断裂点法得到的，其中：①2003 年，“低”等级的取值范围为［0.4227，0.4228］，“较低”等级的取值范围为［0.4229，0.6866］，“中”等级的取值范围为［0.6867，0.9508］，“较高”等级的取值范围为［0.9509，1.4217］，“高”等级的取值范围为［1.4218，2.3899］；②2007 年，“低”等级的取值范围为［0.5842，0.6294］，“较低”等级的取值范围为［0.6295，0.7357］，“中”等级的取值范围为［0.7358，0.9441］，“较高”等级的取值范围为［0.9442，1.1916］，“高”等级的取值范围为［1.1917，1.9628］；③2011 年，“低”等级的取值范围为［0.3448，0.3449］，“较低”等级的取值范围为［0.3450，0.7181］，“中”等级的取值范围为［0.7182，0.8805］，“较高”等级的取值范围为［0.8806，1.2069］，“高”等级的取值范围为［1.2070，2.0234］。

长三角作为我国最发达的经济中心以及亚太地区的重要门户，其经济影响力在我国乃至亚洲均起着不可替代的作用。自 2001 年年末中国加入世贸组织以来，长三角地区作为世界制造业中心开始参与国际分工，逐步融入全球经济，经济水平快速提升，综合实力明显增强，2000 年，其经济总量为 4551.15 亿元，而 2012 年则增长至 20181.72 亿元，增速明显。基于上文构建的经济发展综合评价指标体系，利用 Matlab 软件计算得到长三角地区各城市经济发展水平的综合投影值，其时序态势和空间发展格局如下（见表6－2）：

整体来看，长三角地区的经济发展呈现出成熟、平稳的增长态势，2003 年、2007 年和 2011 年三年的经济发展平均投影值分别为 1.02、0.97、1.05，虽有小幅波动，但稳增态势显著。从局部来看，长三角三个核心增长城市中上海的经济投影值始终位列第一，且对周边城市的辐射和带动作用显著，如毗邻上海的苏州，其经济发展位于长三角地区前列，成为仅次于上海的热点区；长三角第二增长极杭州近年来的经济发展处于稳步上升的状态，作为传统的区域地方中心，其经济影响力较强，对周边市域的经济带动作用明显，但对距其较远的台州、舟山等地的经济影响力有限，随着辐射半径的增大，辐射效果逐步递减，而宁波例外，依靠其临海优势，发挥港口经济优势，经济发展较为突出；长三角第三增长极南京的经济发展水平增速较慢，增长乏力，呈现出波动下降的趋势，以南京为中心的苏南地区在长三角的区域经济发展中处于弱势地位，作为边缘化区域的扬州、泰州、镇江的经济发展始终较为落后，分化严重，成为相对冷点区。

从空间格局角度来看，经济发展呈现出趋同集聚、优劣分异态势。上海的经济发展始终位列第一，且对周边城市的引领作用显著。上海、杭州、南京三地的经济发展水平递减，杭州和南京作为区域地方中心，其经济发展保持次热增长状态。

二、人口素质综合评价

表 6-3 2003 年、2007 年和 2011 年人口素质投影值分布

地区	2003	2007	2011
上海市	高	高	高
南京市	较高	较高	较高
无锡市	较高	较高	较高
常州市	中	中	较低
苏州市	较高	较高	较高
南通市	较低	低	中
扬州市	中	较低	较低
镇江市	较低	低	较低
泰州市	中	较低	低
杭州市	较高	较高	较高
宁波市	中	较低	较低
嘉兴市	较低	低	低

续表

地区	2003	2007	2011
湖州市	低	较低	中
绍兴市	较低	中	较低
舟山市	较低	中	较低
台州市	较低	低	较低

注：2003 年、2007 年和 2011 年的“低”“较低”“中”“较高”和“高”5 个等级均是根据自然断裂点法得到的，其中：①2003 年，“低”等级的取值范围为[0.3687, 0.3688]，“较低”等级的取值范围为［0.3689, 0.5670]，“中”等级的取值范围为［0.5671, 0.7434]，“较高”等级的取值范围为［0.7435, 1.6061]，“高”等级的取值范围为［1.6062, 2.7139]；②2007 年，“低”等级的取值范围为［0.4909, 0.5187]，“较低”等级的取值范围为［0.5188, 0.5549]，“中”等级的取值范围为[0.5550, 0.7881]，“较高”等级的取值范围为［0.7882, 1.4953]，“高”等级的取值范围为［1.4954, 2.6818]；③2011 年，“低”等级的取值范围为［0.2622, 0.3173]，“较低”等级的取值范围为［0.3174, 0.6117]，“中”等级的取值范围为［0.6118, 0.7956]，“较高”等级的取值范围为［0.7957, 1.4951]，“高”等级的取值范围为[1.4952, 2.7295]。

同理，运用投影寻踪模型，得到2003—2011 年长三角地区各地级市人口素质综合投影值的空间分布状况（见表6－3）。2003 年、2007 年、2011 年三年的人口素质平均投影值分别为0.93、0.90、0.88，人口素质水平呈现出“整体稳定、微量下降”的特点。从局部来看，上海的人口素质仍然最高，三年的投影值分别为2.71、2.68、2.73，始终位列第一，然而上海周边地区尤其是嘉兴市的人口素质不容乐观，与上海差距明显，2011 年仅为0.86，相差近2 倍，“虹吸效应”明显。虹吸效应不仅表现在上海，在以南京和杭州为区域中心的苏南和浙北地区，也出现了同样的情况：南京的人口素质位于第二等级，而南京周边的扬州、镇江和常州却排在第四等级，差异明显；同样，2011 年杭州人口素质投影值为1.37，而其毗邻的绍兴仅为0.61，不及其一半，区域分异显著。在上海与南京、杭州的比较中，上海人口素质投影值高于南京和杭州，且随着时间的推移，上海的领先优势在逐渐扩大，如在2003 年，上海人口素质投影值为2.71，杭州为1.61，而2011 年上海与杭州的人口素质投影值分别为2.73和1.37。这主要归因于随着上海经济社会文化的迅速发展，大量高素质人才向上海集中。

第三节　经济发展与人口素质耦合协调度

一、耦合协调分析与协调状态分类

表6-4　2003年、2007年和2011年长三角经济发展与人口素质耦合协调度分布

地区	2003	2007	2011
上海市	优质协调发展	优质协调发展	优质协调发展
南京市	中级协调发展	勉强协调发展	初级协调发展
无锡市	勉强协调发展	勉强协调发展	初级协调发展
常州市	濒临失调衰退	濒临失调衰退	濒临失调衰退
苏州市	中级协调发展	中级协调发展	中级协调发展
南通市	轻度失调衰退	中度失调衰退	勉强协调发展
扬州市	轻度失调衰退	严重失调发展	濒临失调衰退
镇江市	中度失调衰退	超级严重失调衰退	濒临失调衰退
泰州市	轻度失调衰退	中级协调发展	勉强协调发展
杭州市	初级协调发展	初级协调发展	中级协调发展
宁波市	勉强协调发展	轻度失调衰退	濒临失调衰退
嘉兴市	轻度失调衰退	良好协调发展	中度失调衰退
湖州市	初级协调发展	严重失调发展	濒临失调衰退
绍兴市	轻度失调衰退	轻度失调衰退	濒临失调衰退
舟山市	初级协调发展	轻度失调衰退	濒临失调衰退
台州市	轻度失调衰退	严重失调发展	濒临失调衰退

为了进一步揭示长三角地区经济发展与人口素质的耦合关系，根据16个地级市协调度指数的大小，借鉴相关研究工作，将经济发展与人口素质耦合系统的协调度分成以下10类：优质协调发展型（$0.9<D\leqslant 1$）、良好协调发展型（$0.8<D\leqslant 0.9$）、中级协调发展型（$0.7<D\leqslant 0.8$）、初级协调发展型（$0.6<D\leqslant 0.7$）、勉强协调发展型（$0.5<D\leqslant 0.6$）、

濒临失调衰退型（$0.4 < D \leqslant 0.5$）、轻度失调衰退型（$0.3 < D \leqslant 0.4$）、中度失调衰退型（$0.2 < D \leqslant 0.3$）、严重失调衰退型（$0.1 < D \leqslant 0.2$）和超级严重失调衰退型（$0 \leqslant D \leqslant 0.1$），具体结果如表6－4所示。

整体来看，耦合协调度呈现出“稳中有进，波动上升”的趋势，2003年、2007年、2011年三年的耦合度指数平均水平分别为0.523、0.457和0.547，稳定在0.5附近，同时略有上升。此外，耦合协调度大于0.4的市域比例从2003年的37.5%提高到2011年的87.5%，由此可见，16个地级市的整体格局有较大改善。从中亦可以看出，随着时间的推移，长三角北部的扬州、泰州、南通以及南部的台州、宁波的耦合协调度均有不同程度的改善。21世纪以来，长三角一体化进程逐渐加快，该地区经济得到大力发展。与此同时，长三角教育联动的实施和医疗一体化的发展使得该地区人口的文化素质、身体素质和劳动技能素质也快速提高，从而导致两者间的耦合协调度趋于改善。

从局部来看，上海经济发展与人口素质的耦合协调度指数在16个地级市中始终位列第一，为优质协调发展型。作为长三角的龙头城市，上海的经济发展无论是在总量还是在发展速度方面均位列第一。2011年，上海的地区生产总值达到19195.69亿元，全年财政收入达到3429.83亿元，全社会固定资产投资额达到5067.09亿元，均居长三角首位。此外，上海在注重城市经济发展的同时也非常注重人口素质与经济的高耦合同步提升。2011年，地方财政用于教育支出高达549.2393亿元，医疗卫生支出高达190.03亿元，全员劳动生产率高达174897元/人，这些数值在长三角城市群中也是首屈一指的。因此，上海属于优质协调发展类型。

毗邻上海的苏州的耦合协调指数仅次于上海，在整个长三角地区中表现突出，而同样紧邻上海的嘉兴，2003年和2011年的耦合协调度指数却仅为0.288和0.350，直接受累于其经济发展。作为长三角重要的经济中心，苏州拥有亚洲最大的内河航运港口苏州港以及四通八达的铁路公路交通网，苏州的经济总量在全国仅次于上海、北京、广州和深圳。发达的经济使苏州有经济实力来发展教育医疗卫生事业，2011 年，苏州财政中教育支出和医疗卫生支出分别为 151.2669 亿元和 46.06 亿元，分别位列长三角的第 2 位和第 4 位。较强的经济实力和较高的科教文卫体投入，使得苏州的耦合协调性仅次于上海。而嘉兴在 2003 年和 2011 年的耦合协调类型分别为轻度失调衰退和中度失调衰退型，其经济发展投影值分别为 0.2846 和 0.3298，而人口素质投影值分别为 0.1619 和 0.1311，呈现出明显的不协调性，这主要是由于嘉兴的科教文卫体投入较少，2011 年其财政中的教育支出为 55.6019 亿元，医疗卫生支出为 15.42 亿元，均远低于苏州。

苏南地区的耦合协调度有了较大的改善，以镇江为例，2003 年耦合协调度为 0.286，而在 2011 年却提升到了 0.407。此外，无锡、常州、南通、扬州和泰州亦有不同程度的提升，整个苏南地区的耦合协调度指数平均水平由 2003 年的 0.467 提升为 2011 年的 0.558，改善明显。这是由于 1984 年江苏省非均衡经济发展战略提出以来，在苏南模式的指导下，该地区积极改革，加快发展民营经济，抓住机遇，加强对外招商引资，使地区经济取得巨大发展。与此同时，苏南地区重视人口素质的提高，其医疗卫生和教育投入远高于苏北地区，科学技术支出占公共财政预算支出的比例更是苏北地区的 3 倍多，这一系列原因使得两系统的耦合协调状况得到很大改善。然而，浙北地区的耦合协调度呈现出“涨跌互现”态势，其中，由于科教文卫体等方面的投入力度不足，使得人口素质的提升程度逐渐跟不上经济发展速度，最终导致宁波、湖州、嘉兴和舟山的耦合协调度出现小幅下跌。例如，2003 年，湖州的经济发展和人口素质投影值分别为 0.2310 和 0.2167，而 2011 年分别变为 0.3074 和 0.1842。此外，绍兴和台州经济发展相对缓慢且科教文卫投入相对较小，使得两系统协同发展，其耦合协调度出现了小幅上升。但从整体水平来看，浙北地区的耦合协调度从 0.518 下降到了 0.469。

二、经济与人口素质相对发展度格局

表6－5　2003年、2007年和2011年经济与人口素质相对发展度分布

地区	2003	2007	2011
上海市	同步发展型	经济发展滞后型	经济发展滞后型
南京市	同步发展型	经济发展滞后型	经济发展滞后型
无锡市	同步发展型	同步发展型	同步发展型
常州市	同步发展型	同步发展型	人口素质滞后型
苏州市	人口素质滞后型	人口素质滞后型	人口素质滞后型
南通市	人口素质滞后型	人口素质滞后型	同步发展型
扬州市	同步发展型	同步发展型	同步发展型
镇江市	同步发展型	人口素质滞后型	同步发展型
泰州市	同步发展型	同步发展型	人口素质滞后型
杭州市	经济发展滞后型	同步发展型	人口素质滞后型
宁波市	人口素质滞后型	人口素质滞后型	人口素质滞后型
嘉兴市	人口素质滞后型	人口素质滞后型	人口素质滞后型
湖州市	人口素质滞后型	同步发展型	同步发展型
绍兴市	人口素质滞后型	同步发展型	人口素质滞后型
舟山市	同步发展型	人口素质滞后型	人口素质滞后型
台州市	人口素质滞后型	同步发展型	同步发展型

在此，运用相对发展度指数来衡量长三角地区经济发展与人口素质的同步程度和相互适应性。由于在现实中，两系统完全同步发展（$E=1$）的理想状态难以达到，借鉴相关研究成果，以0.8和1.2为分界，将两系统的相对发展状况分为三类：即当$E\geqslant 1.2$时为人口素质滞后型，当$0.8<E<1.2$时为同步发展型，当$E\leqslant 0.8$时为经济发展滞后型。由表6－5可以看出，2003年长三角地区有半数市域表现为经济与人口素质同步发展，主要集中在南京周边，呈片状分布。这说明在考察初期，苏南地区的经济与人口素质有较为良性的同步发展，而南通、苏州、宁波等7市仍属于人口素质发展滞后型，说明这些地区更注重经济发展，对科教文卫投入不足，人口素质无法满足经济发展要求。2007年长三角地区仍有50%的市域表现为经济与人口素质同步发展，这些城市北起扬州，中间连

接无锡、湖州、杭州至南部泰州而终，形成一条横贯南北的条形带。2008年9月后，长三角一体化发展被提升为国家战略，区域经济高速发展，而科教文卫投入力度不足，未能跟上经济发展步伐，经济与人口素质的相对发展状况有所恶化，表现为2011年人口素质滞后型城市数量进一步增多，而同步发展市域数量减少且主要集中在长三角北部地区，这主要是江苏省实施终身教育体系、建设“15分钟服务圈”、大力培养乡村医生和启用远程会诊等提高人口素质的结果。

第四节　结论与讨论

本书通过构建经济发展与人口素质评价体系，运用投影寻踪模型，综合评价了长三角地区的经济发展与人口素质。然后，引入耦合度函数与耦合协调度函数，对长三角16个地级市2003—2011年两个子系统的耦合协调状况进行了实证研究。研究发现长三角不同地区经济发展与人口素质之间有着不同程度的耦合协调度，其耦合协调程度呈现出一定的空间分布规律：

（1）长江三角洲地区的经济发展总体上比较协调，经济水平差异较小，尤其在以上海、杭州、南京三市为核心增长极的带动作用下，长三角中部、北部和南部的经济水平均取得了较快发展，总体呈现出“极点带动、区域协调”的发展格局；而人口素质较经济发展存在较为严重的异化现象，突出表现为：上海、南京、杭州三市人口素质水平较高，而其毗邻城市人口素质水平却大幅低于这三个城市，差异明显，且随着时间的推移，这种差距有扩大的趋势。

（2）上海市作为长三角地区的核心增长极，其经济发展与人口素质之间有着良好的耦合协调关系；无锡、常州、苏州、镇江、嘉兴、湖州、绍兴在2003年时耦合协调度较低，但在2011年有所提高，这说明经过8年的发展，这些城市经济发展与人口素质之间的相互协同作用越来越强。

（3）长三角地区经济与人口素质的相对发展度整体上呈现出“略微下降”的趋势，在考察初期，经济与人口素质有较好的同步发展，但主要集中在南京周边，到2007年，这种不平衡现象有所改善，有50%的城市表现为经济与人口素质的同步发展，且分布更加合理；然而到了2011年，相对发展状况又有所恶化，表现为人口素质滞后型城市数量进一步增多，同步发展城市数量减少且主要集中在苏南一带，表明长三角的经济发展迅速，人口素质仍然无法与其同步，从长远来看，只有二者同步才能保证经济的持续发展。

（4）本书通过建立投影寻踪综合评价模型，试图从多角度、多层面揭示长三角地区经济发展与人口素质之间的数量关系，虽然做了大量的改进与优化工作，但仍然存在一些不足之处：第一，在构建人口素质评价指标体系时，由于衡量道德素质的合同履约率、立案诈骗案件占当年刑事案件总数比例等指标数据无法获取，未将道德素质考虑在内。除此之外，衡量身体素质、文化素质和劳动技能素质的一些指标数据也无法获取或者数据不完整，如患病死亡率、体育运动达标率等，这势必会影响结果的精确度。第二，基于遗传算法的投影寻踪模型在投影时要求指标尽可能地在投影空间集中，因此不同年份得到的特征投影向量不同。基于这样的特点，本模型虽可以较好地解释同一时间截面上不同城市之间经济发展与人口素质的耦合协调关系，但对于同一地级市在时间序列上的动态变化，本模型未能作出较好的描述。第三，在模型中，考虑到数据的可获得性，本书以16个地级市为研究对象，在某种程度上造成了研究精度的偏低，若能获得县域城市的数据，则其参考与应用价值将会更大。

下篇

长三角地区经济发展与生态效率耦合协调发展研究

第七章　基于投影寻踪模型的长三角经济发展与生态效率耦合协调性研究

传统的外延增长模式使人类社会与生态效率之间的矛盾日渐加深，部分地区已经逼近或者超过了环境承载力限度，严重影响了生态环境与经济的可持续发展。因此，如何在经济稳健增长的同时提高生态效率成为当今经济学研究的一大热点问题。

自1990年首次被提出后，生态效率的研究取得了一系列成果（WBCSD，1996；芮俊伟等，2013），在此过程中，很多学者也开始研究如何利用生态效率理念缓和生态保护与经济发展之间的矛盾。改革开放后，我国的经济社会取得了飞速发展，与此同时，生态环境遭到严重破坏，生态效率低下，最终又制约了经济社会的进一步发展。因此，在经济发展的同时尽可能减少对生态环境的破坏并保持生态效率的持续发展显得尤为重要，如何促进经济发展与生态效率的协调发展也成为国内外学者研究的热点。

从以往研究来看，国内外学者对生态效率的评价与测度、时空演变、影响因素、生态效率与城镇化等经济变量的关系做了较多研究（崔玮等，2013；罗能生等，2013；王玉梅等，2013；胡剑波、刘辉，2014；张子龙等，2014）。然而，对区域经济与生态效率两系统的协调发展研究较少。有研究发现，两系统在发展过程中相互作用、交互耦合，一方面，经济发展在一定程度上对生态效率产生胁迫作用；同时，生态效率又在一定程度上制约着经济发展（王宏伟等，2006）。

作为中国综合实力最强、城镇化水平最高的区域之一，长三角地区的经济发展维系着国家的经济命脉，引领着全国的经济增长。然而，随着经济的快速发展，长三角的生态环境破坏严重，生态效率面临挑战，并在一定程度上对经济后续发展造成了负面影响。因此，科学评价该区域经济与生态效率的发展状况，研究两系统的耦合协调性，在一定程度上对该地区乃至全国的经济增长与可持续发展都具有一定的指引和借鉴作用。

近年来，在系统间动态内在联系研究采用耦合模型的背景下（宋伟轩等，2013；白彩全等，2014；张亚夫等，2014），因投影寻踪模型可将高维数据转化到低维子空间，最大限度地避免了权重取值受主观干扰的缺点，故可运用于耦合协调模型的指标体系赋权中（王芳等，2013）。鉴于此，本书基于经济发展与生态效率的交互耦合机制，以2003—2011年长三角16个地级市作为研究对象，构建经济发展与生态效率评价指标体系，采用投影寻踪模型，通过函数最优化和确定投影值，分别对经济发展与生态效率进行了综合评价，继而构造两系统间的耦合协调发展度模型，分析两系统耦合协调性与相对发展度的时空演变特征。

第一节　指标体系与分析方法

一、指标体系的建立

由于单指标难以全面衡量区域经济发展与生态效率状况，借鉴相关研究工作，采用多指标综合集成法从经济增长、经济结构与经济关系和经济效益3个方面衡量长三角经济发展水平，从生态环境效益、资源能源效率和循环经济3个方面衡量长三角生态效率，最终建立的评价指标体系如表7－1所示。

表7-1 经济发展与生态效率综合评价指标体系

子系统	准则层	具体指标	u_{ij}	单位	类型
经济发展	经济增长	地区生产总值	u_{11}	万元	+
		地方财政一般预算内收入	u_{12}	万元	+
		全社会固定资产投资	u_{13}	万元	+
	经济结构与经济关系	当年实际使用外资金额	u_{14}	万美元	+
		第三产业占 GDP 比重	u_{15}	%	+
		出口贸易额占贸易总额的比重	u_{16}	%	+
	经济效益	外贸依存度	u_{17}	—	+
		总就业人数除以总人口数	u_{18}	%	+
		GDP 增长率	u_{19}	%	+
		贸易额增加率	u_{110}	%	+
生态效率	生态环境效益	单位 GDP 工业废水排放	u_{21}	吨/万元	-
		单位 GDP 工业固废排放	u_{22}	吨/亿元	-
		单位 GDP 工业烟尘排放	u_{23}	吨/亿元	-
	资源能源效率	单位 GDP 耗电量	u_{24}	百万千瓦时/万元	-
		GDP/建设用地面积	u_{25}	亿元/平方千米	+
	循环经济	“三废”综合利用产品产值	u_{26}	万元	+
		森林覆盖率	u_{27}	%	+
		工业固体废物综合利用率	u_{28}	%	+
		生活垃圾无害化处理率	u_{29}	%	+
		工业废水达标率	u_{210}	%	+

注：“+”代表正向指标，“-”代表负向指标。

资料来源：2004—2012 年《中国城市统计年鉴》及长三角各地级市统计年鉴与政府工作报告。

二、投影寻踪综合评价模型

投影寻踪模型，简称 PPM 模型，其将高维数据投影到低维空间从而通过投影数据的结构特征来研究原高维数据（姜秋香等，2011；吴开亚、金菊良，2011；孟德友等，2013；帅红、李景保，2013），通常被用于解决多因素非线性高维数据的降维处理与新型综合评价问题。

设 x_{ij} 代表第 i 个样本的第 j 个指标，$i = 1,2,\cdots,n$，$j = 1,2,\cdots,m$，此处的 n 代表样本数，m 代表指标个数。首先用极差法对原始数据进行标准化处理，然后运用投影寻踪模型对长三角地区经济发展与生态效率进行综合评价，步骤依次如下：

（1）投影指标函数

一般而言，直接处理高维数据比较困难，而将其进行投影从而转化为低维数据后，便可以利用常规方法进行处理与分析。此处采用线性投影，也就是将高维数据投影到一维线性空间，设 a 代表 m 维单位投影方向向量 $a = (a_1, a_2, \cdots, a_m)$，$z_i$ 代表 x_{ij} 的一维投影特征值，则有：

$$z_i = \sum_{j=1}^{m} a_j \times x_{ij}^*, (i = 1,2,\cdots,n) \tag{7-1}$$

式（7-1）中，$z_{ij} = a_j \times x_{ij}^*$ 为 i 样本 j 指标的投影分量，$z = (z_1, z_2, \cdots, z_n)$ 为投影特征值向量。

（2）构造目标函数

对于线性投影而言，要求 z_i 在一维空间的类间距离 S_z 尽可能大；另外也要求序列 $\{z_i \mid i = 1,2,\cdots,n\}$ 的类内密度 D_z 取值最大，使得投影空间中的指标尽量集中：

$$Q(a) = S_z \times D_z \tag{7-2}$$

式（7-2）中，$S_z = [\sum (z_i - E_z)^2/(n-1)]^{0.5}$，其中 E_z 代表序列 $\{z_i \mid i = 1,2,\cdots,n\}$ 的均值。类内密度 $D_z = \sum\sum (R - r_{ij}) u(R - r_{ij})$，$R$ 为密度窗宽，一般取值为 αS_z，其中 α 可以为0.1、0.01或0.001等；r_{ij} 代表投影特征值之间的距离，计算公式为 $r_{ij} = | z_i - z_k | (k = 1,2,\cdots,n)$；$u$ 代表单位阶跃函数，当 $R - r_{ij} \geqslant 0$ 时，取值为1，当 $R - r_{ij} \leqslant 0$ 时，取值为0。

（3）优化投影方向

投影寻踪模型要求选取最佳投影方向以尽量多地反映原高维数据的内部信息，通常运用求解投影指标函数最大化的方法来进行计算，即：

$$\begin{cases} \max Q(a) = S_z D_z \\ \| a_j \| = 1 \end{cases} \tag{7-3}$$

这是一个以 a_j 为优化变量的复杂非线性优化问题，鉴于加速遗传算法的种种优点（毛德华等，2010），本书也采用此方法来寻找全局最优。

（4）确定投影值

将得到的 a_j 代入投影指标函数，便可以求得投影值 z_i，根据 z_i 的大小可以进行综合评价与分析，其中 z_i 越大，表示该样本越优。

三、耦合协调发展度模型

经济发展与生态效率相互促进、依赖、制约，构成经济发展—生态效率耦合协调系统，两系统间的耦合度模型与耦合协调度模型构建如下：

（1）耦合度模型

由容量耦合的概念与模型可得 n 维系统耦合度模型：

$$C_n = n\left(\frac{U_1U_2,\cdots,U_n}{\prod(U_i + U_j)}\right)^{\frac{1}{n}} \tag{7-4}$$

由于本书只研究经济发展与生态效率两系统之间的关系，由此可以得到如下二维耦合度函数：

$$C = 2\sqrt{\frac{U_1U_2}{(U_1 + U_2)(U_2 + U_1)}} \tag{7-5}$$

式（7-5）中，U_1 和 U_2 为经济发展与生态效率投影值标准化后的值；C 为耦合度，其值介于 0～1 之间，C 接近于 0 则表示两系统失谐，整个系统将向无序发展，C 接近于 1 则表示两系统共振耦合，整个系统的结构有序和谐。

（2）耦合协调度模型

在上述模型的基础上，为了能更好地显示长三角经济发展与生态效率的协同关系，还需要构建耦合协调度模型以期判别各城市两系统的协调发展状况。

建立的耦合协调度函数为：

$$\begin{cases} D = (C \times T)^k \\ T = aU_1 + bU_2 \end{cases} \tag{7-6}$$

式（7-6）中，D 为耦合协调度，C 为耦合度，T 为两系统间的调和指数，反映了经济发展与生态效率的整体协调效果；k，a，b 为待定系数，按照一般情况，本书中的 k 取值 0.5。另外，考虑到经济发展与生态效率具有相同的重要性，取 a ，b 值均为0.5。

(3) 相对发展度

在上述耦合协调度模型的基础上，引入相对发展度指数，以期衡量长三角地区经济发展与生态效率的同步性和相互适应性，相对发展度指数 E 的计算如下：

$$E = U_1/U_2 \tag{7-7}$$

根据 E 的大小，可将相对发展情况分为两系统完全同步发展型（$E=1$）、经济发展超前型（$E>1$）和经济发展滞后型（$E<1$）三类。

第二节　长三角经济发展与生态效率综合评价

一、经济发展综合评价

表7-2　2003年、2007年和2011年经济发展投影值分布

城市	2003	2007	2011
上海市	高	高	高
南京市	较高	较高	较高
无锡市	较高	较高	中
常州市	较低	中	中
苏州市	高	高	较高
南通市	低	中	较低
扬州市	低	低	低
镇江市	低	低	低
泰州市	低	低	低
杭州市	较高	较高	较高
宁波市	较高	较高	较高
嘉兴市	中	较低	中
湖州市	低	低	较低
绍兴市	中	低	中

续表

城市	2003	2007	2011
舟山市	低	中	中
台州市	较低	低	中

注：2003 年、2007 年和 2011 年的“低”“较低”“中”“较高”和“高”5 个等级均是根据自然断裂点法得到的，其中：①2003 年，“低”等级的取值范围为［0.0178，0.0547］，“较低”等级的取值范围为［0.0548，0.1175］，“中”等级的取值范围为［0.1176，0.1757］，“较高”等级的取值范围为［0.1758，0.3813］，“高”等级的取值范围为［0.3814，1.0000］；②2007 年，“低”等级的取值范围为［0.0050，0.0503］，“较低”等级的取值范围为［0.0504，0.1310］，“中”等级的取值范围为［0.1311，0.2275］，“较高”等级的取值范围为［0.2276，0.3423］，“高”等级的取值范围为［0.3424，1.0000］；③2011 年，“低”等级的取值范围为［0.0005，0.0028］，“较低”等级的取值范围为［0.0029，0.1143］，“中”等级的取值范围为［0.1144，0.2669］，“较高”等级的取值范围为［0.2670，0.5851］，“高”等级的取值范围为［0.5852，1.0000］。

基于上文构建的经济发展综合评价指标体系，利用 Matlab 软件计算得到长三角地区各城市经济发展水平的综合投影值（见表 7－2），其时序态势和空间发展格局如下：

从整体经济活力效率来看：首先，该地区的经济发展已较为成熟和稳定。尽管长三角经济发展始终处于动态波动进程中，但是经济发展投影值基本稳定在 0.25 左右。其次，作为区域经济的核心，上海市的经济发展投影值始终位列第一，这进一步说明上海市是长三角经济整体发展的稳定器、产业经济和创新活动辐射中心，区域经济成熟稳定与其中心地位休戚相关。最后，区域动态波动源于城市经济地位的微量波动：①无锡市、杭州市、苏州市、泰州市四市的经济发展投影值始终处于缓慢减小状态，说明这些地区的经济发展趋向疲软；②南京、嘉兴、宁波、镇江四市则处于波动挣扎但整体趋向衰落状态；③南通、台州、湖州、常州等市则处于波动上升或趋于稳定水平。

从空间格局角度来看，经济发展呈现出趋同集聚、优劣分异态势。上海的经济发展始终位列第一，且其周边城市的经济发展水平也较高，说明上海在长三角经济中的引领作用显著。作为传统区域的地方中心南京、杭州、宁波则是经济空间的第二层次组织中心，它们保持经济的次热增长状态。作为边缘化区域的扬州、台州、镇江等地，则始终都是经济发展的相对冷点区。介于冷热中心的过渡地带则显示出较大的波动性，如南通市在2003年是经济发展的冷点区，而2007年经济发展加快，变成了经济发展的平衡区，结果2011年该区经济微下至次冷区。

二、生态效率综合评价

表7-3 2003年、2007年和2011年生态效率投影值分布

城市	2003	2007	2011
上海市	较低	低	低
南京市	低	较低	低
无锡市	较低	较低	中
常州市	较低	较低	较低
苏州市	较高	低	中
南通市	中	中	较高
扬州市	中	中	高
镇江市	低	较低	高
泰州市	较低	较低	较低
杭州市	较低	较低	较低
宁波市	高	较高	较高
嘉兴市	较低	较高	较高
湖州市	较低	较高	高
绍兴市	较低	较高	较高
舟山市	较高	高	较低
台州市	高	高	中

注：2003年、2007年和2011年的“低”“较低”“中”“较高”和“高”5个等级均是根据自然断裂点法得到的，其中：①2003年，“低”等级的取值范围为[0.1865，0.2223]，“较低”等级的取值范围为[0.2224，0.3742]，“中”等级的取值范围为[0.3743，0.4280]，“较高”等级的取值范围为[0.4281，0.5703]，“高”等级的取值范围为[0.5704，1.0000]；②2007年，“低”等级的取值范围为[0.0200，0.0239]，“较低”等级的取值范围为[0.0240，0.1732]，“中”等级的取值范围为[0.1733，0.4942]，“较高”等级的取值范围为[0.4943，0.8280]，“高”等级的取值范围为[0.8281，1.0000]；③2011年，“低”等级的取值范围为[0.1500，0.2855]，

“较低”等级的取值范围为［0.2856，0.5538］，“中”等级的取值范围为［0.5539，0.6857］，“较高”等级的取值范围为［0.6858，0.8859］，“高”等级的取值范围为［0.8860，1.0000］。

同理，运用投影寻踪模型，利用Matlab软件得到2003—2011年长三角地区各地级市生态效率综合投影值（见表7－3）。在从结果来看：①长三角地区生态效率总体上不断提高，其投影平均值由2003年的0.44上升为2011年的0.68；②区域生态发展空间分化显著，时间维度上波动幅度较大。长三角地区生态效率的格局演变呈现出“高低集聚、趋于改善”的不规则分布特点，跃迁现象较多。其中，南通、扬州、嘉兴、湖州、绍兴、宁波的生态效率得到不断改善；上海、南京、杭州、台州的生态效率状况有所恶化；常州、无锡、泰州、苏州、镇江等地的生态效率状况呈“U”形变化，这可能是因为这些地区在发展前期忽视生态效率，而后期的生态环保意识加强，逐渐采取了生态环保措施，促使环境质量和生态效率得到提高。

第三节　长三角经济发展与生态效率耦合协调度

一、长三角经济发展与生态效率耦合协调分析与协调状态分类

表7－4　2003年、2007年和2011年长三角经济发展与生态效率耦合协调度分布

城市	2003	2007	2011
上海市	过渡发展型	轻度失调衰退型	过渡发展型
南京市	一般协调发展型	一般协调发展型	严重失调衰退型
无锡市	过渡发展型	一般协调发展型	过渡发展型
常州市	一般协调发展型	轻度失调衰退型	一般协调发展型
苏州市	理想协调发展型	轻度失调衰退型	过渡发展型
南通市	轻度失调衰退型	一般协调发展型	一般协调发展型
扬州市	轻度失调衰退型	轻度失调衰退型	轻度失调衰退型
镇江市	严重失调衰退型	轻度失调衰退型	严重失调衰退型
泰州市	轻度失调衰退型	轻度失调衰退型	严重失调衰退型

续表

城市	2003	2007	2011
杭州市	一般协调发展型	一般协调发展型	过渡发展型
宁波市	过渡发展型	过渡发展型	过渡发展型
嘉兴市	一般协调发展型	一般协调发展型	过渡发展型
湖州市	轻度失调衰退型	轻度失调衰退型	一般协调发展型
绍兴市	一般协调发展型	一般协调发展型	过渡发展型
舟山市	严重失调衰退型	过渡发展型	一般协调发展型
台州市	一般协调发展型	一般协调发展型	一般协调发展型

为了进一步揭示长三角区域的经济发展水平以及生态效率水平的耦合关系，根据16个地级市协调度指数的大小，借鉴相关研究工作，将经济发展与生态效率耦合系统的协调度分成以下5类：理想协调发展型（$0.8 < D \leqslant 1$）、一般协调发展型（$0.6 < D \leqslant 0.8$）、过渡发展型（$0.4 < D \leqslant 0.6$）、轻度失调衰退型（$0.2 < D \leqslant 0.4$）和严重失调衰退型（$0 \leqslant D \leqslant 0.2$）（见表7-4）。

2003年，长三角87.5%城市的经济发展与生态效率耦合度指数保持在0.2~0.8的范围内，属于轻度失调至一般协调发展的状况，说明该地区早期侧重于经济发展，生态效率关注不足。例如，苏州市的经济发展与生态效率极为不协调，第二产业比重高达63.2%，远高于江苏省54.6%的平均水平；而镇江市属于理想耦合发展类型，与此阶段相对充足的环保投入、执行有力的环保政策等因素相关。2007年，75%城市的耦合度稳定在0.2~0.6，虽然没有城市协调度低于0.2，但也没有高于0.8的情况，且分布在轻度失调和过渡发展型的区域比例为7∶6。其中苏州市第二产业比重减少至59.8%，并且财政收入中的环保投入大增至7.98亿元，因此，经济发展与生态效率的耦合协调度得到显著提高；而镇江市则由于乡镇小型企业数量猛增，治污管控能力下降，严重制约了该市经济与生态效率的耦合协调发展。2011年，长三角37.5%的城市处于一般协调发展类型，不过也出现了严重的不平衡状况，南京、镇江、台州的耦合协调状况再次恶化，城市沦为严重的不协调发展区域。这主要是由于这些地区经济产业结构中重工业比重过高，污染管控投入或治理措施乏力等因素致使在经济发展的进程中生态效率降低，耦合度下滑。

从整体耦合情况来看，长三角地区的经济发展与生态效率耦合协调分布经历了“两极分化严重”到“多数局部均衡”的演变。在考察初期，既出现了地区耦合严重不协调的区域（如苏州），也出现了耦合非常协调的区域（如镇江），但随着时间的推移，极端化情况不再，多数过渡发展区域提升为一般协调发展地区。总体而言，长三角地区的经济发展与生态效率的耦合不断加强，先经济、后生态的极化现象在新型城镇化时代背景下开始得到有效遏制。

二、经济与生态效率相对发展度分析

表 7－5　2003 年、2007 年和 2011 年长三角经济与生态效率相对发展度分布

城市	2003	2007	2011
上海市	生态效率滞后型	生态效率滞后型	生态效率滞后型
南京市	同步发展型	同步发展型	生态效率滞后型
无锡市	同步发展型	同步发展型	经济发展滞后型
常州市	经济发展滞后型	经济发展滞后型	经济发展滞后型
苏州市	同步发展型	生态效率滞后型	同步发展型
南通市	经济发展滞后型	经济发展滞后型	经济发展滞后型
扬州市	经济发展滞后型	经济发展滞后型	经济发展滞后型
镇江市	经济发展滞后型	经济发展滞后型	经济发展滞后型
泰州市	经济发展滞后型	经济发展滞后型	经济发展滞后型
杭州市	同步发展型	同步发展型	经济发展滞后型
宁波市	经济发展滞后型	经济发展滞后型	经济发展滞后型
嘉兴市	经济发展滞后型	经济发展滞后型	经济发展滞后型
湖州市	经济发展滞后型	经济发展滞后型	经济发展滞后型
绍兴市	经济发展滞后型	经济发展滞后型	经济发展滞后型
舟山市	经济发展滞后型	经济发展滞后型	经济发展滞后型
台州市	经济发展滞后型	经济发展滞后型	经济发展滞后型

在此，运用相对发展度指数来衡量长三角地区经济发展与生态效率的同步程度和相互适应性。由于在现实中，两系统完全同步发展（$E=1$）

的理想状态难以达到，借鉴相关研究成果，以 0.8 和 1.2 为分界，将两系统的相对发展状况分为三类：生态效率滞后型（$E \geqslant 1.2$）、同步发展型（$0.8 < E < 1.2$）和经济发展滞后型（$E \leqslant 0.8$）。从表 7 – 5 可以看出：长三角的大部分地区都处于生态优先型，即为前期先经济、后环境而跟进的补偿性生态改良发展类型居多；少数地区属于生态与经济协调发展情况，而以经济发展优先的城市逐渐在减少，由 2003 年的四市变为 2011 年的苏州市，这充分说明长三角地区正在经历可喜的良性生态经济协调转型阶段。

第四节　结论与讨论

在经济发展与生态效率指标体系构建的基础上，本书运用投影寻踪模型对 2003—2011 年长三角地区各地级市的经济发展与生态效率进行综合评价，并引入耦合协调度函数和相对发展度指数对两个子系统的耦合协调性和相对发展性进行分类与评价。研究发现，长三角不同地区经济发展与生态效率之间有着不同程度的耦合协调度，其耦合协调程度呈现出一定的空间分布规律：

（1）从整体经济活力效率来看：首先，区域经济发展已经比较成熟、稳定，经济发展投影值基本稳定在 0.25 左右。其次，作为区域经济的核心和中心，上海市的经济发展投影值始终位列第一；但是也存在着空间分化特征，其中无锡、杭州、苏州、泰州四市的经济发展趋向疲软；南京、嘉兴、宁波、镇江四市则处于波动挣扎但整体趋向衰落状态；常州、南通、湖州、台州等市则处于波动上升或趋于稳定。从空间格局来看，经济发展呈现出趋同集聚、优劣分异态势。上海始终为长三角地区经济空间集聚核，南京、杭州、宁波则为次级组织中心，并保持经济的次热增长状态，扬州、台州、镇江等地始终都是经济发展的相对冷点区。

（2）总体而言，长三角生态效率呈现出逐渐提高的态势。但区域生态发展空间分化显著，时间维度上波动幅度较大，呈现出“高低集聚、趋于改善”的生态效率格局演变特征：南通、扬州、嘉兴、湖州、绍兴和宁波的生态效率得到不断改善；上海、南京、杭州和台州的生态效率状态有所恶化；无锡、常州、苏州、泰州和镇江等地的生态效率状况呈“U”形变化。

（3）长三角地区两系统间的耦合度不断加强，极化现象趋于改善。2003年，经济发展与生态效率耦合度指数基本在0.2～0.8的范围内，2007年大部分地区的耦合度指数均介于0.2～0.6，2011年大部分地区表现为过渡发展类型，城市数量占比为37.5%。不过期间耦合状况波动较大，经历了“两极分化严重”到“多数局部均衡”的变迁。

（4）长三角的大部分地区处于生态优先型，而以经济发展优先、先发展后环境的城市逐渐在减少，由2003年的四市变为2011年的一市。但是大部分地区还是没有把握好两者之间的同步发展，同步发展区有所减少，这说明长三角地区在两者协调发展进程中还有很大的改善空间。

本书通过建立投影寻踪综合评价模型，试图从多角度、多层面揭示长江三角洲地区经济发展与生态效率之间的数量关系，虽然做了大量的改进与优化工作，但仍然存在一些不足之处：首先，基于遗传算法的投影寻踪模型在投影时要求指标尽可能地在投影空间集中，因此不同年份得到的特征投影向量不同。鉴于这样的特点，本模型虽可以较好地解释同一时间截面上不同城市之间经济发展与生态效率的耦合协调关系，但对于同一地级市在时间序列上的动态变化，本模型未能作出很好的描述。其次，在模型中，考虑到数据的可获得性，文章以16个地级市为研究对象，在某种程度上造成研究精度偏低，若能获得县域城市的数据，则其参考与应用价值将会更大。

第八章　长三角地区工业经济发展与环境污染脱钩研究

长三角地区在其社会经济区域一体化发展趋势日益显著的同时，资源环境面临着严峻的考验，快速的工业化导致耕地面积锐减、矿产资源短缺，各类污染物的不断输入及其他人为活动造成的威胁和影响进一步加剧，在一定程度上威胁着整个地区经济与社会的可持续发展。国家强调坚持科学发展观，研究长三角地区的可持续发展对于增强我国的综合国力和经济发展、提高人民生活水平，具有重要意义。

脱钩（Decoupling）源于物理学领域，特指存在响应关系的两个或两个以上物理量之间的相互关系不再存在（宋伟等，2009），近年来被应用于不同的学科领域。经济合作与发展组织（OECD）研究农业政策与贸易和市场均衡之间的相互关系时应用脱钩理论进行分析（De Bruyn and Opschoor，1997），后来世界银行把脱钩引入资源环境领域，认为“脱钩”既包括去物质化也包括去污染化，是指经济活动的环境冲击逐步减少的过程。OECD 认为“脱钩”就是打破环境危害和经济财富之间的联系（Lu et al.，2007；OECD，2013），或者说打破环境压力与经济绩效之间的联系。这一概念在西方国家被普遍使用，西方学者 Weizsäcker、Schmidt－Bleek，Ayres（2003）和 Tapio（2005）等早已用脱钩理论来研究经济增长与环境污染、能源消耗、农业生产贸易、物质资源消耗、交通运输等问题（Friedrich et al.，1993；Weizsacker et al.，1997；Ayres et al.，2003；Petri，2005）。

2000年以后，我国开始有学者陆续在农业生态环境评价、耕地占用、能源消费、碳排放等领域开展了“脱钩”研究（赵一平等，2006；彭佳雯等，2011；刘瑞等，2013）。不同学者研究的层面和测度脱钩的精度都不同，从全国宏观层面上，李从欣等（2012）基于Tapio脱钩指标探讨了我国2001—2010年经济增长与三种污染排放指标的脱钩关系及程度，指出二者脱钩程度未来趋势为强脱钩；王鹤鸣等（2011）利用物流分析方法对我国1998—2008年的资源消耗与经济增长进行脱钩分析，发现大多数年份中二者实现了相对脱钩。孙耀华等（2011）对我国1999—2008年各省区碳排放与经济增长之间的脱钩关系进行测度，结果显示近10年来我国绝大部分省区经济增长与碳排放之间呈弱脱钩状态，表明减排工作取得了初步成效。也有不少学者从微观地区层面上进行脱钩研究，王崇梅（2013）以胶东半岛为例，分析其生态环境压力与经济发展的脱钩关系，指出其处在一种相对脱钩状态，但有复钩迹象。杨克等（2009）以河北省为例分析各阶段脱钩状态及其原因，以期指导经济发展过程中的耕地保护问题。目前长三角的资源环境领域也在逐渐吸引学者进行脱钩研究，但该领域的研究都不是很深入。盖美等（2013）以碳排放量为测度指标，指出长三角地区2000—2009年资源环境压力各指标与经济增长的关系以相对脱钩为主，且存在时间上和指标间的差异；叶懿安等（2013）针对2005—2009年5年长三角16个城市的碳排放量和经济发展强度进行关联性分析，研究发现长三角地区的碳排放强度与工业经济强度两者之间存在明显的负相关性，且工业增加值与工业碳排放量的脱钩分析显示上海等13个城市处于弱脱钩区域。张蕾等（2011）选取工业“三废”指标分别研究其与经济增长的脱钩情况，分析2000—2007年16个市的变化，归纳出了环境污染形成的三大机制以及环境脱钩具有较强地域性的特征，不同的经济发展梯度、产业结构和技术投入使得各个地区环境污染排放有较大差异。经济增长速度与自然资源消耗速度以及环境污染的脱钩是向绿色经济过渡的必要部分，也是实现生态文明、人与自然和谐发展的必要途径。从微观层面进行脱钩研究，对于制定和实现脱钩政策具有重要的参考作用和指导意义；长三角作为国家的重点战略地，带头践行科学发展观，研究其经济发展与资源环境的脱钩效应具有重要的现实意义和理论价值，也可为实现中国资源环境利用与经济发展的全面协调可持续提供科学依据和决策参考。鉴于此，本书运用熵权法构建长三角地区工业经济发展与环境污染指标体系，引入脱钩指数的概念，通过构建基于 IPAT 方程的脱钩分析模型，对长三角地区 16 个地级市 2004—2010 年两个子系统的脱钩关系进行实证研究，探讨其脱钩关系的时空演变特征和规律，以期为长三角地区的经济、社会、环境的可持续发展提供理论指导和借鉴。

第一节　脱钩模型及评价指标

一、脱钩等级的定义

脱钩，即打破经济与环境负荷之间的联系，当涉及工业资源消耗时，脱钩即为打破工业经济发展与环境污染之间的关系。脱钩指数是反映工业经济发展与环境污染之间关系的指标，可以将脱钩情况分为三类：绝对脱钩、相对脱钩和未脱钩。需要注意的是，在经济增长和经济下降两种情况下，三类脱钩的定义并不相同。

绝对脱钩：在工业经济增长的情况下，环境污染总量下降或不变；在工业经济下降的情况下，环境污染总量下降，且环境污染总量的下降率大于或等于工业经济发展总量的下降率。

相对脱钩：在工业经济增长的情况下，环境污染总量上升，但环境污染总量的增长率小于工业经济发展总量的增长率；在工业经济总量下降的情况下，环境污染总量下降，但环境污染总量的下降率小于工业经济总量的下降率。

未脱钩：在工业经济增长的情况下，环境污染总量上升，环境污染总量的增长率大于或等于工业经济总量的增长率；在工业经济总量下降的情况下，环境污染总量却上升。

二、脱钩指数模型

在明确了其定义和类别之后，要建立相关的科学脱钩指标，目前的脱钩模型主要有 OECD 脱钩指数模型、Tapio 弹性分析模型基于 IPAT 方程的脱钩指数模型。

第一类是 OECD 组织提出的脱钩因子，即

$$Df = 1 - \frac{(\mathrm{EP/DF})_{\text{末端年}}}{(\mathrm{EP/DF})_{\text{始端年}}} \tag{8-1}$$

式（8-1）中，Df 为脱钩因子（Decoupling Factor）；EP 为环境压力指标（Environmental Pressure），可用环境污染指标来表示；DF 为驱动力指标（Driving Force），可以用 GDP 来表示。该指标 2002 年以来就得到了广泛应用。

第二类脱钩指数是 Tapio 针对交通容量与 GDP 的脱钩问题提出的弹性系数，即：

$$E = \frac{\%\Delta\mathrm{VOL}}{\%\Delta\mathrm{GDP}} \tag{8-2}$$

式（8-2）中，E 为弹性系数（Coefficient of Elasticity），$\%\Delta$VOL 为交通容量的变化率，$\%\Delta$GDP 为 GDP 的变化率。根据弹性系数值，可以将脱钩状态进行更为详细的分类，近年来，该方法在国内的土地、能源和碳排放领域得到了较多应用。

第三类是基于 IPAT 方程的脱钩指数模型，美国人口学家 Paul R. Ehrlich 于 1970 年提出了著名的 IPAT 方程，该方程是在环境领域表示环境冲击、人口、财富和技术相互关系的著名人类活动环境影响公式（Ehrlich and Holdren，1970）。陆钟武等（2011）从 IPAT 方程出发，基于资源消耗与经济发展的关系，得出改进的脱钩指数模型：

$$D_r = \frac{t}{g} \times (1 + g) \tag{8-3}$$

即资源脱钩指数 D_r 的表达式，其中 g 为一定时期内 GDP 的年增长率（GDP 增长时，g 为正值；下降时，g 为负值）；t 为同期内单位 GDP 资源消耗的年下降率（下降时 t 为正值；升高时 t 为负值）。

第二节　工业经济发展与环境污染脱钩效应实证分析

一、指标的选取及分析

科学、合理的指标体系构建是进行脱钩分析的前提条件之一，根据科学性、实用性、可量化性、多层次性、独立性、系统性等基本原则，同时借鉴以往学者的研究成果，本书选取工业废水排放量、工业二氧化硫排放量和工业烟尘排放量这 3 个指标表征工业环境污染指标，工业总产值表征工业经济发展指标，最终建立其脱钩评价指标体系。

本书选用长三角地区 16 个地级市 2004—2010 年的工业经济发展指标和工业环境污染指标，数据主要来源于各年的《中国城市统计年鉴》《中国区域经济统计年鉴》《政府工作报告》《中国环境统计年鉴》和《中国能源统计年鉴》等统计年鉴。

二、构建脱钩指数模型

（1）指标赋权

对于变量的赋权，通常采用专家咨询法和层次分析法，因其主观性过强，本书采取更加客观的“熵权法”对环境污染指标进行赋权。根据各指标的变异程度，利用信息熵计算出各指标的熵权，再通过熵权对各指标的权重进行修正，从而得出较为客观的指标权重（宋伟轩等，2013；殷春雪等，2013；白彩全等，2014）。对于第 j 个指标，其值的差异越大，对方案评价的作用就越大，熵值就越小。公式如下：

$$e_j = -k\sum_{i=1}^{n} p_{ij}\ln p_{ij} \tag{8-4}$$

$$p_{ij} = \frac{u''_{ij}}{\sum_{i=1}^{n} u''_{ij}} \quad k = 1/\ln(n) > 0 \tag{8-5}$$

式（8-4）中，e_j 为第 j 个指标的熵值，p_{ij} 为第 j 个指标下的第 i 个子系统占该指标的比重，k 为调节指数，u''_{ij} 为标准化处理后的指标观测值。

其中，差异系数为：

$$g_j = \frac{1 - e_j}{m - E_e} \tag{8-6}$$

$$E_e = \sum_{j=1}^{m} e_j \tag{8-7}$$

所求权重为：

$$w_j = \frac{g_j}{\sum_{j=1}^{m} g_j} = g_j \quad j = 1,2,\cdots,m \tag{8-8}$$

由于 $\sum_{j=1}^{m} g_j = 1$，故差异系数就为所求权重。

（2）基于 IPAT 方程的脱钩指数模型

不同的研究有不同的脱钩测度方法，目前主要采用的有 OECD 脱钩指数模型、Tapio 弹性分析模型和基于 IPAT 方程的脱钩分析模型。这 3 种方法各具特点，其中 OECD 脱钩指数模型得到了广泛应用，但其对数据要求不高，指标的敏感性较强，并不能准确判断脱钩的程度和类别；Tapio 弹性分析模型很好地解决了这些问题，但是该方法对脱钩类别划分得过于精细，反而可能导致概念和分类的混乱；而 IPAT 方程是一种具备系统性、理论性的方程，能灵活处理不同的参数意义、判定脱钩强度，因此被广泛地应用到各个领域当中，具有更强的适应性。鉴于此，本书选取陆钟武等（2011）基于 IPAT 方程所推导出的脱钩指数模型用于研究长三角地区工业经济发展与环境污染的脱钩情况。其模型公式为：

$$D_r = \frac{t}{g} \times (1 + g) \tag{8-9}$$

于是，脱钩关系的划分根据 D_r 的值进行分类，如表 8－1 所示。

表 8－1　脱钩指数的 3 个等级划分

Dr	脱钩程度（$g>0$）	*Dr*	脱钩程度（$g<0$）
<0	未脱钩	>1	未脱钩
[0，1)	相对脱钩	[0，1)	相对脱钩

续表

Dr	脱钩程度（$g>0$）	Dr	脱钩程度（$g<0$）
>1	绝对脱钩	<0	绝对脱钩

三、脱钩效应实证分析

基于熵权法和统计数据计算长三角 16 个城市环境污染各指标的权重，如表 8－2 所示。

表 8－2　长三角地区环境污染三个子系统所占权重

城市	工业废水	工业烟尘	工业 SO_2	城市	工业废水	工业烟尘	工业 SO_2
上海	0.40244	0.37206	0.22550	泰州	0.33653	0.32991	0.33356
南京	0.33306	0.33412	0.33282	杭州	0.33383	0.33291	0.33326
无锡	0.33507	0.33452	0.33041	宁波	0.33309	0.33226	0.33465
常州	0.33445	0.33282	0.33272	嘉兴	0.33613	0.33104	0.33283
苏州	0.33643	0.32773	0.33584	湖州	0.33372	0.33326	0.33302
南通	0.33351	0.33223	0.33426	绍兴	0.33263	0.33445	0.33291
扬州	0.33385	0.33456	0.33159	舟山	0.33613	0.33925	0.32462
镇江	0.33823	0.33775	0.32402	台州	0.33635	0.32874	0.33491

根据表 8－2 中长三角 16 个城市环境污染 3 个因子所占比重，综合得出 16 个城市的环境污染数据，并结合长三角工业经济发展数据，计算出长三角各城市工业经济发展指数的年增长率 g 和单位 GDP 环境污染的年下降率 t，代入脱钩指数公式，得到长三角地区 2004—2010 年各年份的脱钩指数 D_r。

$$D_r = \frac{t}{g} \times (1 + g) \qquad (8-10)$$

第三节　脱钩测度结果分析

表 8-3　长三角地区工业经济与环境污染的脱钩效应（2004—2010 年）

城市	2004	2005	2006	2007	2008	2009	2010
上海	0.7002	0.7366	1.0695	1.185	2.3289	-3.0456	1.3034
南京	0.9491	0.9079	1.3244	1.1596	1.2981	2.2269	1.3487
无锡	-11.232	0.5142	1.0045	1.4215	2.128	1.664	1.0729
常州	6.6609	-0.3926	1.1951	1.2342	1.3151	1.077	1.6115
苏州	-0.7716	0.7244	1.1702	1.0592	2.3099	2.0054	-5.4406
南通	0.7325	0.6143	0.9318	1.1812	1.4258	1.2439	1.2235
扬州	0.8331	0.1125	1.2243	1.1423	1.1476	1.1187	1.6625
镇江	1.2627	1.0173	1.2558	1.6165	1.5567	1.4049	1.1314
泰州	0.8941	-0.6515	0.9933	1.282	-0.1837	1.108	1.1596
杭州	0.8711	0.5394	1.2562	1.1467	1.7517	2.3338	1.2229
宁波	0.8492	0.8968	0.9169	1.8443	2.363	1.4274	1.3476
嘉兴	-0.5401	1.1059	0.1787	1.0605	1.2545	8.4749	1.7616
湖州	0.8479	1.0877	0.9891	1.4087	1.2616	-5.2479	1.4993
绍兴	0.9541	0.7415	0.909	1.2389	1.858	0.1042	1.1437
舟山	0.6297	-0.3399	1.0926	1.0507	1.1766	1.1603	0.9501
台州	0.4288	0.8301	1.1239	1.3149	3.0107	-3.9587	1.5993

表 8-4　2004—2010 年长三角地区工业经济与环境污染脱钩演变结果

城市	2004	2005	2006	2007	2008	2009	2010
上海	相对脱钩	相对脱钩	绝对脱钩	绝对脱钩	绝对脱钩	绝对脱钩	绝对脱钩
南京	相对脱钩	相对脱钩	绝对脱钩	绝对脱钩	绝对脱钩	绝对脱钩	绝对脱钩
无锡	未脱钩	相对脱钩	绝对脱钩	绝对脱钩	绝对脱钩	绝对脱钩	绝对脱钩
常州	未脱钩	未脱钩	绝对脱钩	绝对脱钩	绝对脱钩	绝对脱钩	绝对脱钩
苏州	未脱钩	相对脱钩	绝对脱钩	绝对脱钩	绝对脱钩	绝对脱钩	未脱钩
南通	相对脱钩	相对脱钩	相对脱钩	绝对脱钩	绝对脱钩	绝对脱钩	绝对脱钩
扬州	相对脱钩	相对脱钩	绝对脱钩	绝对脱钩	绝对脱钩	绝对脱钩	绝对脱钩

续表

城市	2004	2005	2006	2007	2008	2009	2010
镇江	未脱钩	绝对脱钩	绝对脱钩	绝对脱钩	绝对脱钩	绝对脱钩	绝对脱钩
泰州	相对脱钩	未脱钩	相对脱钩	绝对脱钩	未脱钩	绝对脱钩	绝对脱钩
杭州	相对脱钩	相对脱钩	绝对脱钩	绝对脱钩	绝对脱钩	未脱钩	绝对脱钩
宁波	相对脱钩	相对脱钩	相对脱钩	绝对脱钩	绝对脱钩	未脱钩	绝对脱钩
嘉兴	未脱钩	绝对脱钩	相对脱钩	绝对脱钩	绝对脱钩	绝对脱钩	绝对脱钩
湖州	相对脱钩	绝对脱钩	相对脱钩	绝对脱钩	绝对脱钩	未脱钩	绝对脱钩
绍兴	相对脱钩	相对脱钩	相对脱钩	绝对脱钩	绝对脱钩	相对脱钩	绝对脱钩
舟山	相对脱钩	未脱钩	绝对脱钩	绝对脱钩	绝对脱钩	绝对脱钩	相对脱钩
台州	相对脱钩	相对脱钩	绝对脱钩	绝对脱钩	绝对脱钩	绝对脱钩	绝对脱钩

由表 8－3 和表 8－4 得出的脱钩指数可知，长江三角洲地区的工业经济与环境污染脱钩整体趋势为未脱钩—相对脱钩—绝对脱钩。2004—2010 年，脱钩指数从 2004 年、2005 年大部分的相对脱钩和少数的未脱钩变化为 2006—2010 年的大部分绝对脱钩，到 2010 年，实现了绝大部分的绝对脱钩，环境污染达到了有效控制，说明国家的可持续发展政策得到较好实现。但是，因各个地区地理位置和经济发展程度不同，其表现的脱钩程度呈现出参差不齐的现象。

一、未脱钩区域

2004 年，无锡、常州、苏州、镇江和嘉兴均出现未脱钩现象，其中，常州、镇江的工业污染脱钩指数较高，大于 1，处于未脱钩状态，而且常州的指数最高，达到 6.6609。无锡、苏州、嘉兴的指数较低，都小于 0，同样处于未脱钩状态。其中，无锡的脱钩指数最低，达到 －11.232。2005 年，仅有常州、泰州及舟山市出现未脱钩现象，脱钩指数都较低，小于 0，其中，泰州的指数最低，达到了 －0.6515。2004—2005 年是国家“十五”规划的结束之年，工业经济发展迅速，大量的基础设施建设消耗了能源资源，导致了过多的环境污染，常州、无锡是东部经济重镇、制造业基地、工业城市，故其工业污染较为严重。2008 年以后，长三角工业经济受金融危机的严重影响，部分地区经济实力不稳，资源消耗增速。2008 年仅有泰州市出现未脱钩现象，脱钩指数较低并且小于0。2009年，杭州、宁波和湖州出现未脱钩现象，而2010年仅有苏州市出现未脱钩现象，且脱钩指数较低，为-5.4406。

二、相对脱钩区域

长三角16个城市的相对脱钩现象主要集中在2004—2006年，而2009年和2010年分别只有绍兴市和舟山市出现不同程度的相对脱钩现象。其中，脱钩指数介于0~1之间，舟山市相比于绍兴市相对脱钩程度较高，为0.9501。随着社会经济的发展，国家越来越重视打造“环境友好型、资源节约型”的两型社会，长三角地区带头促进绿色工业经济发展取得了较大进步，大部分地区实现了工业经济发展与环境污染的相对脱钩。

三、绝对脱钩区域

从2006年开始，长三角大部分城市实现了工业经济发展与环境污染的绝对脱钩；2007年，长江三角洲的城市均达到了绝对脱钩，2010年，基本上达到了绝对脱钩。2009年，嘉兴市的绝对脱钩指数偏高，不仅大于1，并且达到8.4749，而台州的指数偏低，达到了-3.9581，处于绝对脱钩状态。2006年“十一五”规划以来，我国首次提出能耗降低20%的目标，大力发展循环经济，在经济持续快速增长的同时，注重保护环境，使工业经济发展与环境污染实现绝对脱钩。

第四节　结论与讨论

一、结　论

利用2004—2010年的统计数据，运用熵权法和脱钩指数模型对长三角地区16个地级市的工业经济发展与环境污染脱钩状况进行实证分析，结论如下：

（1）整体上看，在长三角区域经济一体化的大背景下，2004—2010年该地区的工业经济发展与环境污染实现了未脱钩—相对脱钩—绝对脱钩的过程，且未来将持续绝对脱钩的态势。从2007年开始基本都实现了绝对脱钩，受经济发展的影响，局部地区出现小范围波动变化，说明长三角地区在重视提高经济发展质量、实现资源环境与经济社会的协调可持续发展方面取得了重大成绩。

（2）从空间上看，不同地区工业经济发展与环境污染之间有着不同程度的脱钩现象。长江三角洲是指长江和钱塘江在入海处冲积成的三角洲，包括江苏省东南部和上海市、浙江省东北部，其地理位置、工业经济发展程度和环境保护措施不同导致其内部差异较大。空间分布规律具体表现如下：

上海市作为长三角地区的龙头城市，其工业经济发展与环境污染之间具有良好的绝对脱钩，表明上海在注重城市工业经济发展的同时，也注重对废物排放的处理，减少了工业二氧化硫、废水和烟尘的排放量，进而使工业经济发展与环境污染之间达到绝对脱钩效应。

江苏省东南部的南通、扬州、镇江和泰州等城市的工业经济发展较快，各城市间波动不大，实现了从相对脱钩到绝对脱钩的平稳过渡。这也要归功于“十一五”规划以来，江苏省注重苏南地区的可持续发展，优化产业结构和工业布局，使经济发展对资源环境的依赖逐步减小。

浙江省东北部的杭州、舟山和湖州等城市的工业经济发展和环境污染的脱钩程度较高。浙江省工业制造业发展较多地依靠投资与出口，对外联系紧密，因此2008年以后，受金融危机影响，经济增速出现下滑，工业经济发展与环境污染脱钩程度出现“复钩”迹象，2010年有所改善，总体趋势仍为绝对脱钩。

（3）从时间上看，长三角地区工业经济发展对环境污染的压力逐步减小，2004—2010年跨度了“十五”规划和“十一五”规划，科学发展观和循环经济等理念不断发展，长三角的工业经济发展逐步和环境污染脱钩，呈绝对脱钩趋势。

（4）由于受到2008年金融危机的影响，长三角各地级城市的经济发展减缓，工业总产值增长缓慢，但是环境污染程度并未随之减弱并有可能出现加剧状态，工业经济发展与环境污染的脱钩效应突然从绝对脱钩变到未脱钩状态，也是2008年和2009年长三角城市出现异常点的原因。

二、讨　论

（1）基于脱钩理论和现实背景，把脱钩指标引入工业经济发展与环境污染相互关系的研究中，深入分析两者的关系，为如何降低工业经济增长的环境污染代价提供测度标准，从而深入探讨环境保护机制，为可持续发展提供科学依据。

（2）用可比较的量化指标，基于时间和空间双重角度，以长三角地区为典型实证进行分析，可以从微观层面细化工业经济发展与环境污染的区域差异，通过对典型区域的剖析和理论提升，可为同类区域提供示例，从而推动全国的生态经济建设。

（3）指标权重对评价结果具有重要影响，目前常用的指标赋权法有专家评分法、层次分析法和主成分分析法，但其主观性太强，势必会影响评价结果的准确性。因此，采用客观赋权法中的熵权法确定指标权重，会使评价结果更加符合客观实际。

（4）选取工业废水排放量、工业二氧化硫排放量和工业烟尘排放量3个指标综合衡量长三角地区工业环境污染状况，但由于数据难以获取，未能选取工业固体废物排放量指标，若能选取此指标，长三角地区工业环境污染的综合衡量将会更加科学、合理。

（5）由于我国地域广大，长三角地区各地级市也有不同的地理特征，无法全面把握社会经济环境，且由于指标个数所限以及数据标准化等原因，计算结果具有一定的相对性，因而在反映其工业经济发展和环境污染脱钩方面尚有不足，需要进一步探讨验证。

参考文献

[1] Aziz, J. D. C. *China's Provincial Growth Dynamics* [M]. Washington: International Monetary Fund, 2001.

[2] Bartlett, M. S. Notes on Continuous Stochastic Phenomena [J]. *Biometrika*, 1950, 37 (1/2): 17 –23.

[3] Bruyn, S. M. D., & Opschoor, J. B. Developments in the Throughput – income Relationship: Theoretical and Empirical Observations [J]. *Ecological Economics*, 1997, 20 (3): 255 –268.

[4] Biermann, F., Pattberg, P. Global Environmental Governance: Taking Stock, Moving Forward [J]. *Annual Review of Environment and Resources*, 2008 (33): 277 –294.

[5] Carter, C. A. The Urban – rural Income Gap in China: Implications for Global Food Markets [J]. *American Journal of Agricultural Economics*, 1997, 79 (5): 1410 –1418.

[6] Davies, H. High IQ and Low Technology: Hong Kong's Key to Success [J]. *Long Range Planning*, 1996, 29 (5): 684 –690.

[7] Diyar, S. Akparova, A. Toktabayev, A. et al. Green Economy – Innovation – based Development of Kazakhstan [J]. *Procedia – Social and Behavioral Sciences*, 2014 (140): 695 –699.

[8] Esteban, J., Gradin, C., & Ray, D. An Extension of a Measure of Polarization, with an Application to the Income Distribution of Five OECD Countries [J]. *Working Papers Series* 218 *of the Luxembourg Income Study*, 2006.

[9] Ehrlich, P. & Holdren, J. The people problem [J]. *Saturday Review*, 1970 (4): 42 –43.

[10] Esteban, J. M., & Ray, D. On the Measurement of Polarization [J]. *Econometrica*, 1994, 62 (4): 819 –851.

[11] Galor, O. , & Moav, O. From Physical to Human Capital Accumulation: Inequality and the Process of development [J]. *Review of Economic Studies*, 2004 (71): 1001 - 1026.

[12] Hanushek, E. A. , & Kimko, D. D. Schooling, Labor - force Quality, and the Growth of Nations [J]. *American Economic Review*, 2000, 90 (5): 1184 - 1208.

[13] Hanushek, E. A. , & Woessmann, L. Do Better Schools Lead to More Growth? Cognitive Skills, Economic Outcomes, and Causation [J]. *Journal of Economic Growth*, 2012, 17 (4): 267 - 321.

[14] Illingworth, V. *The Penguin Dictionary of Physics* [M]. Beijing: Foreign Language Press, 1996.

[15] Jones, G. , & Schneider, W. J. Intelligence, Human Capital, and Economic Growth: A Aayesian Averaging of Classical Estimates (BACE) Approach [J]. *Journal of Economic Growth*, 2006, 11 (1): 71 - 93.

[16] Lu, I. J. , Lin, S. J. , & Lewis, C. Decomposition and Decoupling Effects of Carbon Dioxide Emission from Highway Transportation in Taiwan, Germany, Japan and South Korea [J]. *Energy Policy*, 2007, 35 (6): 3226 - 3235.

[17] Li, Y. Oberheitmann, A. Challenges of Rapid Economic Growth in China: Reconciling Sustainable Energy Use, Environmental Stewardship and Social Development [J]. *Energy Policy*, 2009, 37 (4): 1412 - 1422.

[18] Li, X. H. , & Zhao, Y. H. Education Expansion and Wage Inequality in China: Investigation Using Urban Household Surveys, 1988—2002 [J]. *The 5th PEP Research Network General Meeting* , 2006.

[19] Norton, B. G. *Sustainability: A Philosophy of Adaptive Ecosystem Management* [M]. University of Chicago Press, 2005.

[20] OECD. Environmental Indicators Development, Measurement and Use [R]. Paris: OECD, 2003.

[21] Rietbergen, M. G. , Blok, K. Setting SMAR Targets for Industrial Energy Use and Industrial Energy Efficiency [J]. *Energy Policy*, 2010, 38 (8): 4339 - 4354.

[22] Ayres, R. U. , Ayres, L. W. , &Warr, B. Exergy, Power and Work in the Us Economy, 1900—1998 [J]. *Energy*, 28 (3): 219 - 273.

[23] Sun, W. *Semiparametric Analysis of Income Inequality*: 2003 ,*An Application to*

China [M]. California: University of California, 2005.

[24] Schmidt - Bleek, F. & Klüting, R. *Wieviel Umwelt bracuch der Mensch*? [M]. Birkhäuser, Based, 1993.

[25] Tapio, P. Towards a Theory of Decoupling: Degrees of Decoupling in the EU and the Case of Road Traffic in Finland between 1970 and 2001 [J]. *Transport Policy*, 2005, 12 (2): 137 - 151.

[26] Weizsäcker, E. U. V., Lovins, A. B., & Lovins. L. H. Factor Four: Doubling Wealth - haluing Resource Use: ANew Report to the Club of Rome [J]. /in Weizsäcker, E. U. V. (eds.) Ernst Ulrich Von Weizsäcker: A Pioneer on Emironmental, Chimate and Energy Polices [M]. Springer, Cham. 2014: 127 - 141.

[27] WBCSD. *Eco - efficient Leadership for Improved Economic and environmental Performance* [R]. Geneva: WBCSD, 1996: 3 - 16.

[28] Wu, X., & Perloff, J. M. China' s Income Distribution Overtime: Reasons for Rising Inequality [J]. *Institute for Research on Labor & Employment Working Paper*, 2004, (11611): 763 - 775.

[29] 敖荣军. 中国地区经济差距及其演化的产业变动因素 [J]. 长江流域资源与环境, 2007, 16 (4): 420 - 424.

[30] 卜茂亮, 高彦彦, 张三峰. 市场一体化与经济增长: 基于长三角的经验研究 [J]. 浙江社会科学, 2010 (6): 11 - 17.

[31] 白彩全, 黄芽保, 宋伟轩, 等. 长三角地区工业经济发展与环境污染脱钩研究 [J]. 环境科学与技术, 2015a, 38 (7): 157 - 163.

[32] 白彩全, 黄芽保, 宋伟轩, 等. 省域金融集聚与生态效率耦合协调发展研究 [J]. 干旱区资源与环境, 2014a, 28 (9): 1 - 7.

[33] 白彩全, 廖文强, 高莉, 等. 我国人口素质与经济发展关系的实证分析[J]. 商场现代化, 2012 (12): 93 - 95.

[34] 白彩全, 宋伟轩, 李华庚, 等. 苏中苏南县域城镇居民收入时空演变 [J]. 测绘科学, 2015b, 40 (4): 78 - 82.

[35] 白彩全, 王秀梅, 谢悦青, 等. 长三角县域居民收入差距演变趋势——基于核密度估计的分析 [J]. 浙江农业学报, 2015c, 27 (3): 498 - 503.

[36] 白彩全, 尹海钊, 易行, 等. 长三角经济发展与人口素质耦合协调性研究

[J]. 统计与决策, 2016 (10): 112－115.

[37] 白彩全, 张蓉, 宋伟轩, 等. 基于 ESDA－GIS 的长三角县域农民人均纯收入格局时空演变 [J]. 农业现代化研究, 2014b, 35 (3): 308－312.

[38] 白建明, 韦惠兰. 贫困地区人口科学文化素质对生态环境的影响——以甘肃省定西县为例 [J]. 西北人口, 1994 (1): 16－22.

[39] Clifford Cobb. 文明与生态文明 [J]. 马克思主义与现实, 2007, (6): 18－22.

[40] John R. Cobb. 迈向生态文明的实践步骤 [J]. 马克思主义与现实, 2007 (6): 29－33.

[41] 曹新. 经济发展与环境保护关系研究 [J]. 社会科学辑刊, 2004 (2): 60－64.

[42] 陈柳. 长三角地区的 FDI 技术外溢、本土创新能力与经济增长 [J]. 世界经济研究, 2007 (1): 60－67.

[43] 陈昌兵. 各地区居民收入基尼系数计算及其非参数计量模型分析 [J]. 数量经济技术经济研究, 2007 (1): 133－142.

[44] 陈学明. "生态马克思主义" 对于我们建设生态文明的启示 [J]. 复旦学报 (社会科学版), 2008 (4): 8－17.

[45] 陈曦. 论经济发展与环境保护的动态均衡 [J]. 江西社会科学, 2009 (10): 92－94.

[46] 陈晓峰. 长三角生产性服务业空间集聚与城市经济增长 [J]. 南通大学学报 (社会科学版), 2015, 31 (6): 6－12.

[47] 曹明霞, 包宗顺. 苏州城乡一体化进程测算与分析 [J]. 农业现代化研究, 2010, 31 (4): 451－454.

[48] 曹广忠, 边雪, 刘涛. 基于人口、产业和用地结构的城镇化水平评估与解释——以长三角地区为例 [J]. 地理研究, 2011, 30 (12): 2143－2153.

[49] 车前进, 段学军, 郭垚, 王磊, 曹有挥. 长江三角洲地区城镇空间扩展特征及机制 [J]. 地理学报, 2011, 66 (4): 446－456.

[50] 陈甬军, 景普秋. 中国新型城市化道路的理论及发展目标预测 [J]. 经济学动态, 2008 (9): 4－15.

[51] 程宏如, 吕立志. 影响城乡经济发展差距的农村人力资本因素分析 [J]. 湖

北农业科学，2012，51（13）：2883－2886.

［52］陈明星，陆大道，张华．中国城市化水平的综合测度及其动力因子分析［J］．地理学报，2009，64（4）：387－398.

［53］崔玮，苗建军，杨晶．基于碳排放约束的城市非农用地生态效率及影响因素分析［J］．中国人口·资源与环境，2013，23（7）：63－69.

［54］陈福中，吴秋璟．金融发展与经济增长：以长三角为例进行实证研究［J］．金融理论与实践，2008（6）：55－58.

［55］陈坤，武立．基于相对价格法的长三角经济一体化研究［J］．上海经济研究，2013（12）：49－56.

［56］蔡昉，杨涛．城乡收入差距的政治经济学［J］．中国社会科学，2006（4）：11－22，204.

［57］陈学刚，杨兆萍．基于ESDA－GIS的新疆县域经济时空差异研究［J］．测绘科学，2008，33（3）：62－65.

［58］陈柳，于明超，刘志彪．长三角的区域文化融合与经济一体化［J］．中国软科学，2009（11）：53－63.

［59］陈斐，俞彤晖，王海萍．中部地区城乡收入两极分化程度分析及其时空特征变化［J］．人文地理，2012（5）：104－109.

［60］邓庆远．影响我国区域经济差异的政府宏观调控与制度创新因素［J］．经济经纬，2005（4）：43－46.

［61］邓玲，王彬彬．统筹城乡发展评价指标体系研究——基于成都市温江区的实证应用［J］．西南民族大学学报（人文社科版），2008（4）：80－84.

［62］邓立丽．江苏城乡经济一体化研究［J］．上海经济研究，2012（2）：105－113.

［63］邓立丽．城乡统筹融合，推进长三角城乡经济发展一体化研究——马克思城乡关系理论的应用［J］．暨南学报（哲学社会科学版），2013（3）：73－80，162.

［64］杜宇，刘俊昌．生态文明建设评价指标体系研究［J］．科学管理研究，2009，27（3）：60－63.

［65］杜建国，解涛，姜宇华．长三角城乡区域收入不平衡及演化——基于基尼系数分解方法［J］．数理统计与管理，2013，32（6）：951－962.

［66］方创琳．区域经济与环境协调发展的综合决策研究［J］．地球科学进展，2000，15（6）：699－704.

［67］冯刚．经济发展与环境保护关系研究［J］．北京林业大学学报（社会科学版），2008，7（4）：48－53.

［68］方叶林，黄震方，涂玮．社会网络视角下长三角城市旅游经济空间差异［J］．热带地理，2013，33（2）：212－218.

［69］范海燕，李洪山．城乡互动发展模式的探讨［J］．中国软科学，2005（3）：155－159.

［70］方大春，孙明月．高速铁路对长三角城市群经济发展影响评估——基于 DID 模型的实证研究［J］．华东经济管理，2016，30（2）：42－47.

［71］高焕喜．县域经济有关基本理论问题探析［J］．华东经济管理，2005，19（4）：71－73.

［72］耿修林．经济发展对人口素质的影响分析［J］．管理世界，2008（11）：168－169.

［73］郭树栋．少数民族经济发展与环境保护的关系［J］．企业导报，2010（22）：5－7.

［74］郭华，蔡建明．河南省县域经济空间演化格局及机制分析［J］．中国人口·资源与环境，2010，20（11）：128－135.

［75］盖美，胡杭爱，柯丽娜．长江三角洲地区资源环境与经济增长脱钩分析［J］．自然资源学报，2013，28（2）：186－194.

［76］郭晓合，王来全．边界效应与长三角区域经济一体化问题研究［J］．统计与信息论坛，2012，27（5）：66－70.

［77］高秋明，王大树．影响城乡居民医保整合的制度融合因素研究［J］．中国特色社会主义研究，2017（6）：79－85.

［78］高珊，徐元明，徐志明．城乡统筹的评估体系探讨——以江苏省为例［J］．农业现代化研究，2006（4）：262－265.

［79］顾海兵，张敏．基于内力和外力的区域经济一体化指数分析：以长三角城市群为例［J］．中国人民大学学报，2017（3）：71－79.

［80］洪银兴．工业和城市反哺农业、农村的路径研究——长三角地区实践的理论思考［J］．经济研究，2007（8）：13－20.

［81］韩留富．长三角地区城乡居民收入差距扩大的现状、原因与政策建议［J］．经济纵横，2007（6）：41－44.

[82] 黄国华. 城乡居民收入差距影响因素分析——基于长三角地区16地级市的实证考察 [J]. 上海经济研究, 2009 (10): 15-25.

[83] 黄国华. 长三角地区劳动力流转与城乡居民收入差距关系实证研究[D]. 上海: 上海社会科学院, 2009.

[84] 侯祥鹏. 长三角地区固定资产投资与经济增长的关系 [J]. 江苏大学学报(社会科学版), 2010, 12 (4): 81-83.

[85] 霍影. 战略性新兴产业集群与区域经济空间耦合发展效率测度方法研究[J]. 统计与信息论坛, 2012 (10): 78-83.

[86] 黄赜琳. 长三角区域经济增长的人口结构因素分析 [J]. 财经研究, 2012, 38 (12): 38-50.

[87] 郝前进, 陈杰. 长三角房地产市场的价格差异及决定因素 [J]. 经济地理, 2007, 27 (6): 985-989.

[88] 侯佳儒, 曹荣湘. 生态文明与法治建设 [J]. 马克思主义与现实, 2014 (6): 9-11.

[89] 何秀丽, 程叶青, 马延吉. 东北粮食主产区城乡协调发展综合评价——以长春市为例 [J]. 农业现代化研究, 2010, 31 (6): 724-728.

[90] 洪娟, 谷永芬. 城市群内产业集聚与区域经济发展——基于长三角25市动态面板数据的分析 [J]. 江西社会科学, 2012 (3): 49-52.

[91] 洪兴建, 李金昌. 两极分化测度方法述评与中国居民收入两极分化 [J]. 经济研究, 2007 (11): 139-153.

[92] 洪娟, 廖信林. 长三角城市群内制造业集聚与经济增长的实证研究——基于动态面板数据一阶差分广义矩方法的分析 [J]. 中央财经大学学报, 2012 (4): 85-90.

[93] 何菊莲, 罗能生. 人力资本价值提升与加快经济发展方式转变 [J]. 财经理论与实践, 2012, 33 (2): 85-88.

[94] 胡剑波, 刘辉. 我国区域工业生态创新效率评价——基于SBM模型和CCR模型的比较分析 [J]. 科技管理研究, 2014 (14): 47-52.

[95] 胡彪, 李健毅. 生态文明视角下的区域环境效率时空差异评价 [J]. 中国科技论坛, 2015 (5): 82-88.

[96] 黄梦圆, 白彩全, 何宜庆, 等. 基于投影寻踪模型的长三角经济发展与生态效率耦合协调性研究 [J]. 湖北农业科学, 2015, 54 (16): 4088-4093, 4099.

［97］黄祖辉，陆建琴，王敏．城乡收入差距问题研究——基于收入来源角度的分析［J］．浙江大学学报（人文社会科学版），2005，35（4）：122－130.

［98］侯赟慧，刘志彪，岳中刚．长三角区域经济一体化进程的社会网络分析［J］．中国软科学，2009（12）：90－101.

［99］胡学锋，王鹤．基于密度函数核估计法的城乡居民收入差距分析［J］．统计与决策，2009（9）：89－91.

［100］何宜庆，翁异静．鄱阳湖地区城市资源环境与经济协调发展评价［J］．资源科学，2012，34（3）：502－509.

［101］郝辉，闫惠威．我国国民精神素质与经济增长之关系［J］．科技管理研究，2011，31（8）：235－242.

［102］胡毅，张京祥．基于县域尺度的长三角城市群经济空间演变特征研究［J］．经济地理，2010，30（7）：1112－1117.

［103］黄苏萍，朱咏．铁路、公路交通基础设施对经济增长的空间溢出效应——以长三角为例［J］．华东经济管理，2017，31（11）：20－27.

［104］矫卫红．长三角地区区域经济发展的实证分析［J］．统计与决策，2018，34（18）：143－145.

［105］姜秋香，付强，王子龙．基于粒子群优化投影寻踪模型的区域土地资源承载力综合评价［J］．农业工程学报，2011，27（11）：319－324.

［106］贾德铮，高汝熹．长三角都市圈城市空间经济关系研究［J］．中国科技论坛，2013（7）：79－85.

［107］江红莉，何建敏．区域经济与生态环境系统动态耦合协调发展研究——基于江苏省的数据［J］．软科学，2010，24（3）：63－68.

［108］靳诚，陆玉麒．基于县域单元的江苏省经济空间格局演化［J］．地理学报2009，64（6）：713－724.

［109］焦必方，林娣，彭婧妮．城乡一体化评价体系的全新构建及其应用——长三角地区城乡一体化评价［J］．复旦学报（社会科学版），2011（4）：75－83.

［110］蒋伏心，苏文锦．长三角高技术产业同构对区域经济增长影响的研究——基于空间计量经济的实证分析［J］．江苏社会科学，2012（3）：77－82.

［111］焦贝贝，张治河，肖新军，刘海猛．中国开发区发展阶段与时空分布特征研究［J］．科研管理，2018，39（10）：50－60.

［112］李月．有效经济增长与居民生活质量的提高［J］．数量经济技术经济研究，2010（8）：47－60

［113］林高榜．生产效率、技术进步与区域经济增长收敛——基于长三角的经验检验［J］．学习与实践，2010（9）：43－50.

［114］李岳云，陈勇，孙林．城乡统筹及其评价方法［J］．农业技术经济，2004（1）：24－30.

［115］陆铭，陈钊．城市化、城市倾向的经济政策与城乡收入差距［J］．经济研究，2004（6）：50－58.

［116］路永忠，陈波翀．中国城市化快速发展的机制研究［J］．经济地理，2005，25（4）：506－510，514.

［117］吕韬，曹有挥．“时空接近”空间自相关模型构建及其应用——以长三角区域经济差异分析为例［J］．地理研究，2010，29（2）：351－360.

［118］刘耀彬，陈志，杨益明．中国省区城市化水平差异原因分析［J］．城市问题，2005（1）：16－20，32.

［119］刘文，房光婷．珠三角、长三角、环渤海区域城乡居民收入差距研究［J］．云南财经大学学报，2010（1）：132－143.

［120］李保杰，顾和和，纪亚洲．城乡统筹背景下苏北地区义务教育资源布局优化研究——以徐州市域为例［J］．测绘与空间地理信息，2018，41（9）：24－26，30.

［121］李传武，杨超，杜涵，白彩全．长三角地区城乡收入两极分化程度及其时空演变特征［J］．湖北农业科学，2015，54（18）：4640－4646.

［122］李栋，何英磊，王大树．我国城乡收入差距分析［J］．技术经济与管理研究，2014（7）：95－98.

［123］罗蓉，刘乃全．城市对长三角经济一体化演进的影响实证研究［J］．中央财经大学学报，2007（10）：71－76.

［124］刘凤莲，林爱文．基于低碳经济视角的中国城乡一体化模式探讨［J］．湖北农业科学，2012，51（16）：3632－3635，3640.

［125］梁颖，李啸浪，蔡承智．中国城乡统筹发展的区域分步推进战略探索［J］．中国农学通报，2010，26（16）：442－445.

［126］罗能生，李佳佳，罗富政．中国城镇化进程与区域生态效率关系的实证研究［J］．中国人口·资源与环境，2013，23（11）：53－60.

[127] 刘耀彬，李仁东，宋学锋．中国城市化与生态环境耦合度分析［J］．自然资源学报，2005，20（1）：105－112.

[128] 李磊，刘斌，郑昭阳．长三角一体化与经济同步性［J］．江苏社会科学，2011（2）：104－109.

[129] 李小建，乔家君．居民对生活质量评估与区域经济发展的定量分析［J］．地理科学进展，2002，21（5）：484－490.

[130] 刘桂莉，张薇，雷茜茜，白彩全，王林旭．长三角地区城乡耦合协调发展差异性研究［J］．湖北农业科学，2015，54（17）：4346－4351.

[131] 刘淑虎，任云英，马冬梅，余咪咪．1949年以来中国城乡关系的演进·困境·框架［J］．干旱区资源与环境，2015，29（1）：6－12.

[132] 刘乃全，吴友．长三角扩容能促进区域经济共同增长吗［J］．中国工业经济，2017（6）：79－97.

[133] 刘瑞，王文文，刘笑，等．二氧化碳排放与经济增长脱钩关系研究［J］．环境科学与技术，2013，36（11）：199－204.

[134] 陆钟武，王鹤鸣，岳强．脱钩指数：资源消耗、废物排放与经济增长的定量表达［J］．资源科学，2011（1）：2－9.

[135] 李阿萌，肖翔．高速铁路对长三角地区城市经济联系格局的影响［J］．现代城市研究，2014（9）：110－116.

[136] 李育冬，原新．人口因素与新疆循环经济的发展［J］．软科学，2008（1）：101－104.

[137] 李从欣，张再生，李国柱．中国经济增长和环境污染脱钩关系的实证检验［J］．统计与决策，2012（19）：133－136.

[138] 刘靖，张车伟，毛学峰．中国1991—2006年收入分布的动态变化：基于核密度函数的分解分析［J］．世界经济，2009（10）：3－13.

[139] 李勤，张元红，张军，孙祥栋，刘晓婷，罗丹．城乡统筹发展评价体系：研究综述和构想［J］．中国农村观察，2009（5）：2－10，22，95.

[140] 穆光宗．“人口桶”理论与经济发展［J］．科技导报，1992（3）：60－64.

[141] 孟慧君．论人口科学文化素质对生态环境的影响［J］．内蒙古大学学报（哲学社会科学版），1995（4）：90－97.

[142] 孟德友，陆玉麒．基于基尼系数的河南县域经济差异产业分解［J］．经济

地理，2011，31（5）：799－804.

［143］孟德友，陆玉麒．基于县域单元的江苏省农民收入区域格局时空演变［J］．经济地理，2012，32（11）：105－112.

［144］孟德友，陆玉麒，樊新生，史本林．基于投影寻踪模型的河南县域交通与经济协调性评价［J］．地理研究，2013，32（11）：2092－2106.

［145］孟德友，李小建，陆玉麒，樊新生．长江三角洲地区城市经济发展水平空间格局演变［J］．经济地理，2014，34（2）：50－57.

［146］孟斌，王劲峰，张文忠，等．基于空间分析方法的中国区域经济差异研究［J］．地理科学，2005，25（4）：393－400.

［147］毛德华，邹君，李杰，等．基于遗传算法的投影寻踪方法在洞庭湖区洪涝灾害易损性评价中的应用［J］．冰川冻土，2010，32（2）：389－396.

［148］马晓冬，朱传耿，马荣华，等．苏州地区城镇扩展的空间格局及其演化分析［J］．地理学报，2008，63（4）：405－416.

［149］牛文元．可持续发展理论的内涵认知——纪念联合国里约环发大会20周年［J］．中国人口·资源与环境，2012，22（5）：9－14.

［150］牛文元．生态文明的理论内涵与计量模型［J］．中国科学院院刊，2013，28（2）：163－172.

［151］潘竟虎．中国地级及以上城市城乡收入差距时空分异格局［J］．经济地理，2014，34（6）：60－67.

［152］彭羽，陈希．FDI流入、贸易中间商集聚与区域经济增长——基于长三角地区面板数据的实证研究［J］．财经论丛，2011（5）：19－24.

［153］彭佳雯，黄贤金，钟太洋，等．中国经济增长与能源碳排放的脱钩研究［J］．资源科学，2011，33（4）：626－633.

［154］漆莉莉．中部地区城乡融合度的综合评价与分析［J］．江西财经大学学报，2007（4）：10－13.

［155］千慧雄．长三角区域经济一体化测度［J］．财贸研究，2010（5）：24－31.

［156］芮俊伟，周贝贝，钱谊，孙靖．生态工业园区生态效率评估方法研究及应用［J］．生态与农村环境学报，2013，29（4）：466－470.

［157］沈能．区域经济增长的动态趋同性——基于“长三角”地区的实证分析［J］．财经科学，2005（5）：112－119.

[158] 孙希有．面向幸福的经济社会发展导论 [M]．北京：中国金融出版社，2005.

[159] 孙佑海．生态文明建设需要法治的推进 [J]．中国地质大学学报（社会科学版），2013，13（1）：11－14.

[160] 宋伟轩，白彩全，廖文强，等．长三角地区经济发展水平与居民生活质量耦合协调性研究 [J]．长江流域资源与环境，2013，22（11）：1382－1388.

[161] 宋伟，陈百明，陈曦炜．常熟市耕地占用与经济增长的脱钩评价 [J]．自然资源学报，2009，24（9）：1532－1540.

[162] 宋伟轩，陈雯，彭颖．长三角区域一体化背景下城乡收入格局演变研究 [J]．地理科学，2013，33（9）：1037－1042.

[163] 史红亮，陈凯，朱炜．上海城乡居民收入差异与协调增长研究 [J]．技术经济与管理研究，2010（1）：152－156.

[164] 孙宁华，堵溢，洪永淼．劳动力市场扭曲、效率差异与城乡收入差距[J]．管理世界，2009（9）：44－52，187.

[165] 孙英隽，高泽坤．对外经济开放、区域市场整合与全要素生产率——基于长三角地区的实证分析 [J]．上海理工大学学报，2016，38（5）：449－456.

[166] 孙耀华，李忠民．中国各省区经济发展与碳排放脱钩关系研究 [J]．中国人口·资源与环境，2011，21（5）：87－92.

[167] 帅红，李景保．基于投影寻踪的洞庭湖生态系统健康评价 [J]．长江流域资源与环境，2013，22（11）：1477－1483.

[168] 苏良军，王芸．中国经济增长空间相关性研究——基于“长三角”与“珠三角”的实证 [J]．数量经济技术经济研究，2007（12）：26－38.

[169] 孙敬水，汪庆芝．城乡收入差距适度性测度研究——以浙江省为例 [J]．农业技术经济，2012（8）：72－80.

[170] 沈爱芳，杨银珠．关于推进城乡统筹条件下发展现代农业的几点建议[J]．现代农村科技，2018（9）：8.

[171] 童纪新，张奇．基于社会网络分析法的泛长三角区域经济联系分析 [J]．工业技术经济，2016（10）：38－46.

[172] 吴勤堂．产业集群与区域经济发展耦合机理分析 [J]．管理世界，2004，（2）：133－136.

［173］王婷．浙江省城乡统筹与经济发展关系实证研究［J］．重庆工商大学学报（西部论坛），2008（3）：32－35.

［174］王万珺．长三角外商直接投资对工业经济增长影响的实证分析［J］．华东经济管理，2010，24（5）：55－59.

［175］王玉庆．生态文明——人与自然和谐之道［J］．北京大学学报（哲学社会科学版），2010，47（1）：58－59.

［176］吴玉霞．基于密度函数核估计的中国省域居民收入不确定性动态分析［J］．北京工商大学学报（社会科学版），2012，27（6）：111－116.

［177］王崇梅．区域生态环境压力与经济发展“脱钩”关系研究——以胶东半岛为例［J］．湖南师范大学自然科学学报，2013，36（1）：91－94.

［178］王羚．城乡收入比降至2.53　学者称短期难说明问题［N］．第一财经日报，2014－04－17：A03.

［179］王珏，陈雯，袁丰．基于社会网络分析的长三角地区人口迁移及演化［J］．地理研究，2014，33（2）：385－400.

［180］王玉梅，丁俊新，魏兴华．山东省循环经济建设的生态效率测度［J］．生态与农村环境学报，2013，29（4）：460－465.

［181］王小鲁，樊纲．中国收入差距的走势和影响因素分析［J］．经济研究，2005（10）：24－36.

［182］王芳，冯艳芬，卓莉，周涛．基于改进遗传算法投影寻踪的大城市郊区耕地安全综合评价［J］．热带地理，2013，33（4）：373－380，406.

［183］王林，顾江．文化产业发展与区域经济增长——来自长三角地区14个城市的经验证据［J］．中南财经政法大学学报，2009（2）：84－88.

［184］王树义，郭少青．资源枯竭型城市可持续发展对策研究［J］．中国软科学，2012（1）：1－13.

［185］吴永生，高珊，杨晨．江苏省城乡统筹空间格局动态研究［J］．地域研究与开发，2007（4）：36－40.

［186］吴开亚，金菊良．基于变权重和信息熵的区域水资源安全投影寻踪评价模型［J］．长江流域资源与环境，2011，20（9）：1085－1091.

［187］吴福象，刘志彪．城市化群落驱动经济增长的机制研究——来自长三角16个城市的经验证据［J］．经济研究，2008（11）：126－136.

[188] 吴丽娟，刘玉亭，程慧．城乡统筹发展的动力机制和关键内容研究述评［J］．经济地理，2012，32（4）：113－118.

[189] 王少平，欧阳志刚．我国城乡收入差距的度量及其对经济增长的效应［J］．经济研究，2007（10）：44－55.

[190] 王美霞，任志远，杨忍，王永明．关中—天水经济区人口与经济发展协调性分析［J］．干旱区资源与环境，2011，25（1）：34－38.

[191] 吴亚菲，孙森．长三角城市群经济增长和产业集聚的关联效应研究［J］．上海经济研究，2017（5）：44－50.

[192] 汪后继，汪伟全，胡伟．长三角区域经济一体化的演进规律研究［J］．浙江大学学报（人文社会科学版），2011，41（6）：104－112.

[193] 王会，王奇，詹贤达．基于文明生态化的生态文明评价指标体系研究［J］．中国地质大学学报（社会科学版），2012，12（3）：27－31.

[194] 王洪亮，徐翔．收入不平等孰甚：地区间抑或城乡间［J］．管理世界，2006（11）：41－50.

[195] 王昱，肖红姗．长三角地区县域经济发展差异及其动态收敛研究［J］．华东经济管理，2011，25（2）：41－43，69.

[196] 王洋，修春亮．1990—2008 年中国区域经济格局时空演变［J］．地理科学进展，2011，30（8）：1037－1046.

[197] 吴旭晓，许正中．基于复杂系统视角的城市科学发展评价研究——以天津为例［J］．科技进步与对策，2011，28（15）：119－125.

[198] 王维国，杨晓华．我国经济与人口素质协调发展分析［J］．河北经贸大学学报，2005（5）：30－35.

[199] 吴建楠，姚士谋，曹有挥，等．长江三角洲城市群城乡统筹发展的空间差别化研究［J］．长江流域资源与环境，2010，19（Z1）：21－26.

[200] 王鹤鸣，岳强，陆钟武．中国 1998—2008 年资源消耗与经济增长的脱钩分析［J］．资源科学，2011，33（9）：1757－1767.

[201] 王宏伟，张小雷，魏山峰，康宏．乌鲁木齐市经济发展与生态环境交互耦合的规律性分析［J］．中国科学·D 辑·地球科学，2006，36（S2）：140－147.

[202] 文玉钊，钟业喜，熊文平．江西省农村居民收入时空差异及其影响因素［J］．经济地理，2012，32（5）：133－139.

[203] 肖周燕. 层次分析法在人口素质评价中的应用研究 [J]. 湖南师范大学社会科学学报, 2006 (5): 26-29.

[204] 徐清. 基于点—轴系统理论的宁波乡村旅游空间结构优化 [J]. 经济地理, 2009, 29 (6): 1042-1046.

[205] 谢花林. 环鄱阳湖地区农业经济空间差异分析——基于探索性空间数据分析 (ESDA) 方法 [J]. 农业现代化研究, 2010, 31 (3): 299-303.

[206] 西北工业大学数学建模课题组. 美国大学生数学建模竞赛题解析与研究 [M]. 北京: 高等教育出版社, 2012.

[207] 夏锋. 规模效应、人口素质与新型城镇化的战略考量 [J]. 改革, 2013 (3): 25-36.

[208] 肖周燕. 人口素质、经济增长与 CO_2 排放关联分析 [J]. 干旱区资源与环境, 2013, 27 (10): 25-31.

[209] 徐美, 刘春腊. 中国城乡统筹绩效评估与城乡统筹趋势的相关性分析 [J]. 自然资源学报, 2012, 27 (5): 734-746.

[210] 徐建华, 鲁凤, 苏方林, 等. 中国区域经济差异的时空尺度分析 [J]. 地理研究, 2005, 24 (1): 57-68.

[211] 徐现祥, 王海港. 我国初次分配中的两极分化及成因 [J]. 经济研究, 2008 (2): 106-118.

[212] 夏安桃, 许学强, 薛德升. 中国城乡协调发展研究综述 [J]. 人文地理, 2003, 18 (5): 56-60, 33.

[213] 徐素, 于涛, 巫强. 区域视角下中国县级市城市化质量评估体系研究——以长三角地区为例 [J]. 国际城市规划, 2011, 26 (1): 53-58.

[214] 原小能. 省际贸易、国际贸易与经济增长——基于长三角制造业数据的经验分析 [J]. 财贸经济, 2013 (3): 95-102.

[215] 杨山, 陈升. 基于遥感分析的无锡市城乡过渡地域嬗变研究 [J]. 地理学报, 2009, 64 (10): 1221-1230.

[216] 杨山, 陈升. 大城市城乡耦合地域空间演变及其景观格局——以无锡市为例 [J]. 生态学报, 2009, 29 (12): 6482-6489.

[217] 杨克, 陈百明, 宋伟. 河北省耕地占用与 GDP 增长的脱钩分析 [J]. 资源科学, 2009, 31 (11): 1940-1946.

[218] 袁媛，陈兴鹏，善孝玺．甘肃省县域经济发展差异的时空演变分析［J］．测绘科学，2014，39（1）：52－58.

[219] 余海清，陈阿林，杨军．基于基尼系数分解的山东省区域经济差异实证分析［J］．鲁东大学学报（自然科学版），2010，26（1）：70－74.

[220] 殷春雪，李锋，钱谊，等．基于熵权的长沙市城市生态安全综合评估与预测［J］．环境科学与技术，2013，36（1）：169－174.

[221] 俞路，兰宜生．长三角县域经济发展与空间格局演化［J］．南京社会科学，2009（5）：15－20.

[222] 于潇，毛雅萍．长三角地区人力资本产出效应对经济增长影响的实证分析［J］．学术探索，2015（4）：67－71.

[223] 叶磊，欧向军．长三角地区经济极化过程与空间演变分析［J］．地理科学进展，2012，31（12）：1668－1677.

[224] 杨山，任瑞芳，洪灿辉．无锡市城乡耦合地域范围的演变［J］．城市问题，2010（5）：78－83.

[225] 叶耀明，王胜．长三角城市群金融发展对经济增长促进作用的实证分析——基于动态计量经济学分析方法的应用［J］．经济问题探索，2007（4）：128－133.

[226] 杨上广，吴柏均．区域经济发展与空间格局演化——长三角经济增长与空间差异格局的实证分析［J］．世界经济文汇，2007（1）：36－47.

[227] 杨娜曼，肖地楚，黄静波．城乡统筹发展视角下湖南省城乡协调发展评价［J］．经济地理，2014，34（3）：58－64.

[228] 叶长盛，朱传民．江西省县域粮食生产地域格局变化研究［J］．农业现代化研究，2011，32（3）：315－319.

[229] 叶懿安，朱继业，李升峰，等．长三角城市工业碳排放及其经济增长关联性分析［J］．长江流域资源与环境，2013，22（3）：257－262.

[230] 余冬筠，郑莉峰．产业集聚、创新集聚与城市经济动力——来自长三角的证据［J］．华东经济管理，2013，27（3）：65－69.

[231] 张嫚．经济发展与环境保护的共生策略［J］．财经问题研究，2001（5）：74－80.

[232] 张震．江苏城乡居民收入差距实证分析［J］．学海，2003（5）：62－67.

[233] 赵细康．环境保护与产业国际竞争力：理论与实证分析［M］．北京：中国

社会科学出版社，2003.

［234］张瑜．我国城乡居民收入分布的核密度估计［J］．统计与决策，2006（19）：73－74.

［235］张华瑛．成都统筹城乡发展的实证研究［J］．重庆工商大学学报（西部论坛），2008（1）：18－22＋104.

［236］张维庆．关于建设生态文明的思考［J］．人口研究，2009，33（5）：1－7.

［237］张学良．中国区域经济收敛的空间计量分析——基于长三角1993—2006年132个县市区的实证研究［J］．财经研究，2009，35（7）：100－109.

［238］张学良．长三角地区经济收敛及其作用机制：1993—2006［J］．世界经济，2010（3）：126－140.

［239］张立．外商直接投资对长三角经济发展的影响研究［J］．贵州社会科学，2012（1）：52－57.

［240］张锋．关于长三角城市转型与城乡统筹的思考［J］．经济研究参考，2012（10）：39－43.

［241］张苗．现代服务业产业集聚与区域产业转移的耦合关系研究——以皖江城市带为例［J］．中国科技论坛，2014（3）：111－117.

［242］张传勇．劳动力流动、房价上涨与城市经济收敛——长三角的实证分析［J］．产业经济研究，2016（3）：82－90.

［243］张乐．中国长三角地区环境污染的现状及应对策略研究［J］．科技视界，2016（4）：258－259.

［244］中华人民共和国国家统计局．中国统计年鉴2016［M］．北京：中国统计出版社，2016.

［245］周健．人口在产业和城镇之间均衡发展及对经济增长的影响——以长三角城市群为例［J］．华东经济管理，2017，31（11）：15－19.

［246］中华人民共和国国家统计局．中国统计年鉴2017［M］．北京：中国统计出版社，2017.

［247］周一星，曹广忠．改革开放20年来的中国城市化进程［J］．城市规划，1999，23（12）：8－13，60.

［248］张蕾，陈雯，陈晓，薛俊菲．长江三角洲地区环境污染与经济增长的脱钩时空分析［J］．中国人口·资源与环境，2011，21（S1）：275－279.

[249] 张永杰，耿强．省直管县、财政分权与中国县域经济发展——基于长三角地区县级数据的 GMM 实证分析 [J]．学习与实践，2011 (11)：16 - 26.

[250] 张竞竞，郭志富．县域尺度的河南省城乡协调发展空间格局研究 [J]．经济地理，2013，33 (9)：58 - 64.

[251] 朱坦，高帅．新常态下推进生态文明制度体系建设的几点探讨 [J]．环境保护，2015，43 (1)：21 - 23.

[252] 周晓艳，高春亮，李钧鹏．我国长三角地区经济增长因素的实证分析 [J]．数量经济技术经济研究，2009 (3)：32 - 55.

[253] 张建华，洪银兴．都市圈内的城乡一体化 [J]．经济学家，2007 (5)：98 - 104.

[254] 朱传民，黄雅丹，吴佳，等．基于综合农业区的农业经济发展差异与产业结构调整研究——以江西省为例 [J]．农业现代化研究，2012，33 (3)：272 - 276.

[255] 赵继敏，刘卫东．2000—2005 年我国省际经济增长差异及其因素分解 [J]．经济地理，2008，28 (5)：760 - 764.

[256] 曾光，罗建兵．长三角地区城镇居民人均可支配收入的差距分析 [J]．统计与决策，2008 (20)：81 - 84.

[257] 张子龙，鹿晨昱，陈兴鹏，薛冰．陇东黄土高原农业生态效率的时空演变分析——以庆阳市为例 [J]．地理科学，2014，34 (4)：472 - 478.

[258] 张学良，李培鑫，李丽霞．政府合作、市场整合与城市群经济绩效——基于长三角城市经济协调会的实证检验 [J]．经济学 (季刊)，2017，16 (4)：1563 - 1582.

[259] 周明，刘艳军，朱忠杰．中国区域人口素质变迁与经济增长研究 [J]．重庆大学学报 (社会科学版)，2013，19 (1)：1 - 6.

[260] 张旭亮，宁越敏．长三角城市群城市经济联系及国际化空间发展战略 [J]．经济地理，2011，31 (3)：353 - 359.

[261] 赵一平，孙启宏，段宁．中国经济发展与能源消费响应关系研究——基于相对脱钩与“复钩”理论的实证研究 [J]．科研管理，2006，27 (3)：128 - 133.

[262] 翟石艳，王铮．基于 ARDL 模型长三角碳排放、能源消费和经济增长关系研究 [J]．长江流域资源与环境，2013，22 (1)：94 - 103.

[263] 张学良，孙海鸣．探寻长三角地区经济增长的真正源泉：资本积累、效率改善抑或 TFP 贡献 [J]．中国工业经济，2009 (5)：36 - 45.

[264] 赵文亮，王春涛，陈文峰，等．基于县域单元的河南农民收入区域分异时

空格局［J］. 地域研究与开发，2012，31（4）：56－60.

［265］张亚夫，王红旗，田雅楠. 内蒙古生态支撑能力与社会经济发展耦合分析［J］. 环境科学与技术，2014，37（5）：199－204.

［266］张青峰，吴发启，王力，王健. 黄土高原生态与经济系统耦合协调发展状况［J］. 应用生态学报，2011，22（6）：1531－1536.

［267］张振杰，杨山. 基于系统行为的城乡耦合地域空间演变规律研究——以南京市为例［J］. 城市发展研究，2007，14（2）：88－92.

［268］周蕾，杨山，陈升. 无锡市城乡系统耦合测度与耦合度变化规律研究［J］. 人文地理，2011，26（6）：77－82.

［269］张学鹏，余金湘. 我国人口素质与经济增长关系实证分析［J］. 西北人口，2014（2）：119－123.

［270］张红，于渤，鞠立新. 基于GIS的长三角城市群经济空间集聚特征研究［J］. 运筹与管理，2015，24（6）：184－191.

［271］张振杰，杨山，孙敏. 城乡耦合地域系统相互作用模型建构及应用——以南京为例［J］. 人文地理，2007，22（4）：90－94，67.

［272］曾光，周伟林. 长三角城市经济增长差异的实证分析［J］. 浙江社会科学，2006（6）：31－39.

［273］曾光，张晓菊. 长三角地区农民收入差异的实证分析［J］. 华中农业大学学报（社会科学版），2007（5）：64－69.

［274］张松林，张昆. 全局空间自相关Moran指数和G系数对比研究［J］. 中山大学学报（自然科学版），2007，46（4）：93－97.

［275］张松林，张昆. 空间自相关局部指标Moran指数和G系数研究［J］. 大地测量与地球动力学，2007，27（3）：31－34.

索　引

后　记

长江三角洲城市群位于中国东部沿海地区，其经济实力雄厚、区域一体化程度较高，是中国经济发展最为活跃的地区之一。然而，在经济发展的过程中，长三角地区也面临着环境污染日益加剧、收入差距逐渐扩大等问题。要科学、合理地解决上述问题，实现该地区经济的协调健康可持续发展，就必须科学测度该地区经济发展与居民生活质量、经济发展与生态环境建设以及城乡统筹的协调发展状况，并根据测度结果，提出相应的政策建议。本书分为三大部分，分别对长三角地区城乡收入差距与城乡耦合协调发展状况、经济发展与居民生活质量耦合协调发展状况以及经济发展与生态环境建设的耦合协调发展状况进行了研究，获得了有益的结果，以期对长三角地区社会经济发展具有一定的参考价值。

本书能够顺利出版，需要感谢国家自然科学基金委员会在研究中提供的支持，也特别感谢中国经济出版社编辑在本书出版过程中的支持和帮助，还需要感谢在研究过程中给予支持和帮助的各位老师、同学、朋友和亲人，在此表示诚挚的感谢！

我要感谢我博士阶段的导师黄少安老师，黄老师不仅在学术研究中对我认真指导，还在生活中对我细心关怀，他的谆谆教诲和耐心指导一直是我前进的动力，他丰富渊博的知识和严谨踏实的治学态度时常激励和指导着我，让我在人生路上走得更顺、走得更远。在此，我向黄老师致以深深的感谢！

我还要感谢在本书研究和写作过程中给予帮助和指导的其他老师。感谢西安交通大学公共政策与管理学院的吴启焰老师和中国科学院南京地理与湖泊研究所的宋伟轩老师在本书研究过程中给予的支持和指导，感谢南昌大学经济管理学院刘耀彬老师为本书作序，感谢南昌大学经济管理学院何宜庆老师、南昌大学公共管理学院刘桂莉老师、盐城师范学院城市与资源环境学院李传武老师等在研究过程中的支持和帮助。

本书主要内容是我之前研究成果整理所得，之前的研究非一人之力所能完成，是我和其他一些同学和朋友在老师的指导下合作完成的。因此，还要感谢在本书内容研究过程中一起合作过的同学和朋友，感谢南昌大学经济管理学院的张蓉、姚旭悦、李华庚、邓畅、王秀梅、谢悦青、张丽娜、杨超、杜涵、张薇、雷茜茜、廖文强、尹海钊、易行、丁峰、黄梦圆、黄芽保和冯雅琦等同学，感谢美国伊利诺伊理工大学斯图尔特商学院王林旭同学和甘肃农业大学资源与环境学院周瑞同学。还要感谢上海财经大学公共经济与管理学院的冯晨博士和南昌大学经济管理学院硕士毕业生肖薇薇同学，冯晨和肖薇薇同学不仅在本书写作过程中贡献了很大的力量，撰写了很多文字和篇幅，还帮忙整理了书稿并和我一起完成该书稿的审核和校对工作，在此表示衷心的感谢！

最后，我要感谢我的家人，感谢我的爸爸妈妈、岳父岳母，感谢我的弟弟妹妹，谢谢你们在生活中对我的支持和帮助！在此，我要特别感谢我的妻子肖薇薇在我研究和写作过程中的支持，当我在生活和研究中遇到挫折和困难时，她一直鼓励我、帮助我，给我无尽的关怀和照顾，使我能够不断地前进，谢谢！执子之手，与子偕老！

白彩全

2018 年 12 月 18 日于山东大学中心校区